歴史文化ライブラリー

152

宮本武蔵の読まれ方

櫻井良樹

吉川弘文館

目次

宮本武蔵の周辺――プロローグ

宮本武蔵のイメージ

宮本武蔵という名を、一度も聞いたことがないという人はいないだろう。どういうメディアで、どういう文脈で聞いたかは別として、どこかでその名前を耳にしたことがあるはずだ。剣の名人、二刀流の開祖、あるいは巌《がん》流島《りゅうじま》での佐々木小次郎との決闘などのシーンが、普通思い浮かべる武蔵像である。そのほかに直接宮本武蔵とは関係ないことの中にも、象徴的に、あるいは無意味に、ムサシの名が登場してビックリさせられたりもする。

ずいぶん昔はやった歌謡曲の名が「ハチのムサシは死んだのさ」であった。そのムサシは、たしか太陽に戦いを挑んで焼かれて死んだはずだった。ここでは蜂の名にムサシをあてることによって、その戦う姿に武蔵の有するなんらかの要素を連想させようとしていたのかもしれない。ちょっと前に子供たちのあいだで爆発的にはやったポケットモンスター（ポケモン）の敵役《かたきやく》であるロケット団の二人の名は、なぜかムサシとコジローだった。これはその名前に、武蔵からイメージされるものを籠《こ》めていたとは考えられず、ただ単に覚えやすいか、単なる組み合わせとしてつけてしまったというくらいの意味しかもたないように思われる。

しばしばコマーシャルにも登場する。よくあるパターンが、巌流島の戦いを連想させる場面を使って小次郎と対戦させ、勝った武蔵に何かの商品を宣伝させるものである。

武蔵からすぐにイメージされるものとは、一般的には、二刀流を始めた剣豪ということ、それもとてつもなく強い剣の使い手であるということ。そしてその強さの秘密が、これが天才的剣士である小次郎に勝った秘密ということになるのだが、精神面での強さにあること。そしてそのすぐれた精神は、修行の積み重ねによって作り上げられたものであるということだろう。

このようなイメージは一般に行きわたっているものの、宮本武蔵が生きていたのはいつごろで、実際にどんなことをやった人物かについて、どれほど知っているかということになると、ほとんど知らないというのが実情であろう。「宮本武蔵って、作り話の登場人物ではなかったの」という質問をする人もいるはずである。逆に、そんなことはあり得ないのだが、「昔このあたりで宮本武蔵が開墾に従事していたと言われています、そのことは吉川英治の小説に書かれています」などと、小説上の出来事と史実とがゴチャ混ぜになっている場合もある。ちょうど徳川光圀という実在の人物に対する日本人のイメージが、テレビドラマの「水戸黄門」によって形作られているのと同じように。そういえば真田《さなだ》十勇士の猿飛佐助も同じような型の人物だ。

史実としての宮本武蔵

宮本武蔵は決して想像上の人物ではなく、実在の歴史的人物だ。史実としての武蔵は、一五八四（天正一二）年に生まれ、一六四五（正保《しょうほう》二）年に六一歳で亡くなっている。織田信長が明智光秀によって討たれた本能寺の変の二年前に生まれ、平戸から出島にオランダ商館が移され、いわゆる「鎖国」が完成した四年後に亡くなったということになる。関ヶ原の戦いは一六歳の時にあたる。

しかしその生涯については、あまり詳しくは伝わってはいない。出生地についても、播《はり》磨《ま》だという説と、美作《みまさか》の宮本村だとする説がある。『二天記《にてんき》』などは、武蔵没後五〇年以上もたってからのものであり、あまり信用できない。晩年に書き残しているものの中に出

図１　宮本武蔵（宮内庁書陵部蔵）

てくるいくつかの断片的な出来事ぐらいしか、史実としては伝わっていないのである。その中に、少年時代に有馬という武芸者を殺したことや、京都の吉岡道場破り、奈良で宝蔵院流槍術《ほうぞういんりゅうそうじゅつ》を学んだこと、巌流島での佐々木小次郎との決闘などがある。その後はもっとわからない。豊臣秀頼と徳川家康が戦った大坂の陣に参加したともいわれる。つい最近、島原の乱に参加した武蔵は、騎馬隊長として本陣につめていたこともわかった（朝日02・7・23）。

しかし確かなことは、晩年になって細川氏に客分として召し抱えられ、熊本で暮らしたことである。そこで霊巌寺という寺の洞窟に籠《こ》もって書いたのが『五輪書《ごりんのしょ》』だった。そのほかにいくつかの彫刻や書画（水墨画）が残っており、武蔵の存在は確実である。

『五輪書』

この『五輪書』は、武蔵が晩年に至るまでの剣の修行で得たものを集大成した兵法書である。しかし具体的に、強くなること、強いということはどういうことかを、精神のあり方とともに示したものであるため、現在は、企業経営者に好んで読まれているという。常に決断を迫られる経営者にとって、判断のヒントを与えてくれる材料が多く含まれており、また武蔵のような強い精神を獲得することが必要だからであろう。

この書物は、もともと一六四一（寛永一八）年に細川忠利《ただとし》に奉った「兵法三十五箇条」を肉付けしたもので、地の巻・水の巻・火の巻・風の巻・空の巻というように、五つの部分から構成されている。それぞれの部分は、兵法の大意、二刀流の説明、試合にあたっての技法、諸流派の評論、兵法の奥義《おうぎ》を説明している。

五輪塔《ごりんとう》とよばれる石造建造物が墓地などで見られる。その各部分は密教において、世界を構成すると考えられていた五つの要素（下の部分から地・水・火・風・空）を表わしている（次ページ図2）。つまり『五輪書』は仏教の影響を受けている兵法書ということになる。

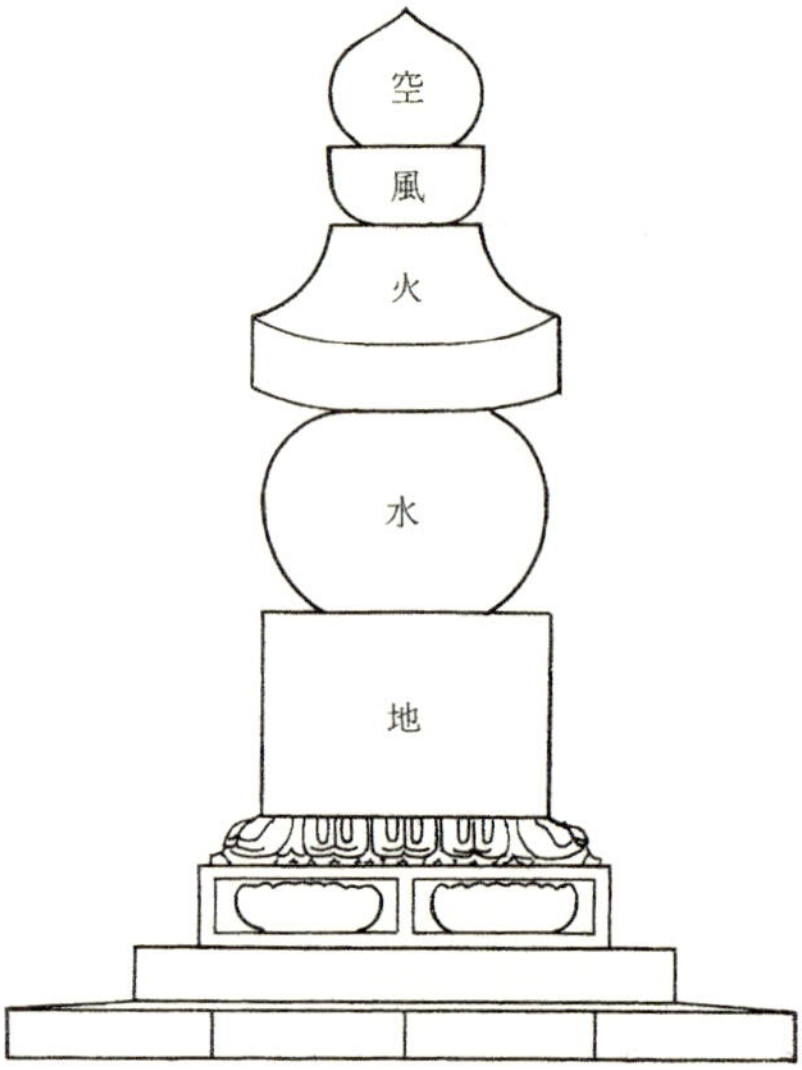

図2　五輪塔模式図

そして兵法の奥義を説明している「空の巻」の結論は何かというと、「万理一空」である。それは禅における「無」の境地を指している。つまり禅思想の影響を深く受けているのである。そしてこの書物に、武蔵の経歴を示す事柄がわずかながら語られている。

生涯で六〇回以上の試合に一度も負けたことがなかったということも記してある。その武蔵の最後の試合が巌流島であり、武蔵は二九歳であった。その後の約二〇年間の研鑽《けんさん》により、武蔵はようやく兵法の真髄を会得したという。

チャンバラ劇の主人公

歴史上の宮本武蔵には、謎の部分が多い、わからないところが多い人物だから、想像力と創造力が入りこむ余地が大きく、したがって物語の主人公として大活躍させることができたのだろう。

宮本武蔵は「歴史上最も強い剣術使い」として伝えられた。そしてそのシンボルが二刀流であった。そして彼の活躍した舞台は、長いあいだ、講談やチャンバラ劇の世界であった。近世から明治時代にかけて、庶民を対象とする読み物の主人公や興業の主役として人々に知られていた。つまりテレビドラマの「水戸黄門」と同じように、娯楽物の主人公というイメージを有する人物だったのである。

このような活劇物における天下無双の剣の使い手という武蔵像に、疑問をなげかけた人がいた。大衆小説家の直木《なおき》三十五《さんじゅうご》である。直木は、武蔵のわずかに知られている事柄をふまえて、「武蔵はほんとうに強かったのか」「武蔵を剣の名人というのはおかしいのではないか」と述べたのである。巌流島以後の武蔵が戦いを避けたように見えることや、勝てる相手としか戦わなかったというように解釈できる言葉を残していることを、どう理解するか、というような疑問と関連していた。この武蔵は名人ではないという意見（非名人論）に対して反論をしたのが菊池寛《かん》であり吉川英治であった。吉川は、武蔵を剣の名人とする点では、それまでのチャンバラ劇と同じ理解であったが、武蔵が強かったのは、単に技量が優れていたからではなく、何かその背景に秘密があったに違いないと発言した。これが名人・非名人論争とよばれて話題となった。満州事変直後の一九三二（昭和七）年のことである。

吉川英治

吉川英治（一八九二〜一九六二）は、大正の末から昭和の戦後期に活躍した小説家である。年配の人に対しては、あらためて説明する必要もないが、吉川没後に育った世代にとっては、文学史や歴史の、あるいは国語の教科書で大きく取り上げられていないせいもあって、やはり説明しておかないとわからないだろう。

事典風に書くと、次のようになる。大衆小説家、一九六〇年文化勲章受賞。神奈川県に生まれる。父の事業の破産によって苦しい少年時代を送り、商家の店員や横浜ドック工員などさまざまな職を転々とした。大正中期から文筆に志し、新聞記者として小説を書きはじめる。処女作は『講談倶楽部《クラブ》』の懸賞小説「江の島物語」、おもに講談社の雑誌『キング』などを活躍の場とし、『剣難女難《けんなんじょなん》』『鳴門秘帖《なるとひちょう》』などで大衆作家の地位を確固たるものにした。『新書太閤記《たいこうき》』『新・平家物語』『私本太平記《しほんたいへいき》』など、歴史に題材を求めた作品も多い。

戦後最も売れた作家の一人で、高額納税者のランクで毎年のようにトップを占めた。現代で比較するとすれば、先年亡くなった司馬遼太郎《しばりょうたろう》ということになろう。売れたという点、歴史小説家であったという点、そして国民の歴史意識に大きな影響を与えたという点でも

（したがって同時代のアカデミズムの歴史学者から批判されたという点でも）、この二人には共通する点が多い。

連載時の時代状況

吉川英治が「宮本武蔵」を連載しはじめたのは、一九三五（昭和一〇）年八月二三日からである。『東京朝日新聞』夕刊の連載小説だった。当初は一年くらいで完結する予定であったが、あまりに好評だったためにやめることができず、結局七ヵ月の中断期間をはさんで、約四年の長期連載となった。連載は一九三六年五月から順次単行本にまとめられ、講談社から順次出版された。六冊と大部であったにもかかわらずベストセラーとなり版を重ねた。

図3　吉川英治（吉川英治記念館提供）

連載を開始してからほどなくして、昭和期最大の内乱事件である二・二六事件が起こった。二・二六事件だけではない。日本は、すでに一九三三年に国際聯盟から脱退していたが、一九三六年に入るとロンドン海軍軍縮条約からも脱退を通告、一一月には日独防共協定が調印され、年末にはワシントン海軍軍縮条約も失効した。そして翌年七月七日には日中戦争が始まる。「宮本武蔵」新聞連載休止中であった吉川も、視察を兼ねて大陸に渡る。連載再開後の一九三八年中に、日本軍は徐州・広東・武漢と占領地を拡大した。「宮本武蔵」連載が終わったのは一九三九年七月一一日、その月に日米条約の廃棄が通告され、九月にはヨーロッパで第二次世界大戦の火蓋《ひぶた》が切られることになる。

文化・思想面では、国体明徴《こくたいめいちょう》声明（一九三五年）、『国体の本義』の発行（一九三七年）などによって天皇機関説が否定され、同年発表発売された「愛国行進曲」は一〇〇万枚以上のヒットとなった。なお『宮本武蔵』からの連想では、一九三九年五月から小学五年生以上に武道が必修として課せられるようになったことをあげることができる。

敗戦後、出版事情やＧＨＱによる出版統制、すなわち剣を主題とするものや仇討《あだうち》物は出版禁止とされたため、『宮本武蔵』もしばらく絶版となっていたが、一九四九年に六興出版社から復刊され、再び大ベストセラーとなった。その売れ方は、最初に出版したときよりも凄《すさ》まじいくらいで、その後も吉川が亡くなった直後まで長く売れ続けロングセラーとなった。また何回も映画化された。そして売れただけでなく、感銘を受けた本、良いと思った本としては、ベストセラーからはずれた後も推薦する人が多かったし、最近でも印象に残る本として名前を挙げる人も多い。

しかしいっぽうでそのような現象は、小説『宮本武蔵』だけでなく、吉川文学全体を問題視する議論を引き起こした。たとえば「国のために、武士道のために、死を恐れずに進め」（朝日39・6・4）というような表現があったために、戦争賛美文学だという評もなされた。それは『宮本武蔵』という小説が戦時に果たした役割を、すなわち吉川の戦争責任を問うものであった。売れただけに毀誉褒貶《きよほうへん》にさらされたのであった。

吉川の『宮本武蔵』が登場した結果、日本人の抱く宮本武蔵像は大きく変化した。私たちが現在思い浮かべる武蔵にまつわるイメージは、この本によって作りあげられたのである。吉川の名は、没後しだいに聞かれなくなり、『宮本武蔵』もあまり読まれなくなったにもかかわらず、そのイメージは現代にまで影響を及ぼしている。ちょうど現在のわれわれが有している坂本竜馬像が、司馬遼太郎の『竜馬がゆく』に支配されているのと同じように。

「武蔵ブーム」？

吉川の名は忘れられ『宮本武蔵』も読まれなくなった、と書いた。たしかに私たちが、武蔵に取り組みはじめたときは、そういう状況であった。私たちが、と記したのは、大学の同じ学部に属する先生方数人と一九九七年から、この本に関する共同研究を始め、二〇〇一（平成一三）年四月『「宮本武蔵」は生きつづけるか』（水野治太郎・長谷川教佐ほか編、文眞堂）という研究書をまとめたからである。本書は、その成果にもとづき書かれている。

しかし研究を開始してまもなく、なんとなく武蔵が話題になる機会が増えはじめているような気がした。これは武蔵という言葉に注意を払っているため、敏感になっているという側面もあろうが、実際にメディアに登場する回数が増えてきたようである。特に二〇〇〇年ごろから「武蔵ブーム」が始まった。

「オードリー」（作、大石静）という朝のNHKの連続テレビドラマがあった。二〇〇〇年秋から翌年春にかけて放映された。映画監督をめざすヒロイン・佐々木美月（岡本綾）が、たしか最終回の直前に撮っていたのが宮本武蔵の映画であった。錠島尚也（長嶋一茂）が演じる武蔵である。そのシーンは、剣の名人である柳生石舟斎《やぎゅうせきしゅうさい》に会って試合をしようと武蔵が柳生を訪れた場面であった。芍薬《しゃくやく》の花の切口を見て、これはただ者ではない剣の技量の持主が断ったもの、つまり石舟斎が断ったに違いないと武蔵が気づいた、小説でとても有名になったシーンを撮影する場面であった。また二〇〇一年のテレビ東京の正月特番の長編ドラマは上川隆也が演じる宮本武蔵であった（ちなみにお通は鶴田真由）。

ＮＨＫの二〇〇三年の大河ドラマが宮本武蔵に決まったのも、二〇〇一年の春だった。大河ドラマの決定が伝えられると、今度はそれにあやかって「宮本武蔵のすべて」的な本やムック、特集記事を組んだ雑誌が次々に出されはじめた。また文庫でしか読めなくなっていた小説が、もっと大きな活字で出版された。今では書店で新刊のような扱いで並べられている。本書も、放映に間に合えば、その一翼を担うかもしれない。そしてそれらの多くは、導入として井上雄彦《たけひこ》の漫画『バガボンド』を使っている。

実のところ最近の「武蔵ブーム」の原動力は、ここにあったと言うのが正しいようだ。『バガボンド』は、吉川英治の『宮本武蔵』を下敷きとした作品である。もちろん筋はかなり違う。しかし登場人物は、吉川の作品から借用している。バガボンド（vagabond）とは放浪者という意味である。井上が武蔵の本質をそうとらえていることから、それがタイトルとなった。井上は、前作の『スラムダンク』で絶大な人気を獲得した現在もっとも若い人に支持のある劇画家であり、『バガボンド』は一五巻二七〇〇万部近く発行されているというからすさまじい。出版元は、吉川の『宮本武蔵』と同じ講談社である。

本書の課題

ここにも本書に関連する課題がある。『バガボンド』はなぜ人気があるのか、それは描かれている武蔵の生き方と関係があるのか否かという問題である。この問いを時代を遡らせれば、吉川の『宮本武蔵』が長いあいだベストセラーでありつづけたのはなぜかという問題になる。さらに吉川以前の武蔵はどのようなものであったのかという問題にもなる。あるいは時代によって、どのように理解され評論されたかという疑問にもかかわるはずである。

本書は、吉川が武蔵に何を託そうとしていたのかという問題から始め、その他の武蔵像を織りまぜながら、『宮本武蔵』という一冊の小説が巻き起こした歴史叙述の試みである。それをなるべく時代の雰囲気を体験できるよう、引用を多用して示したい。

なお吉川英治『宮本武蔵』からの引用は、原則として『東京朝日新聞』掲載（夕刊）を使用し、掲載年月日を朝日36・2・29のように掲げた。戦後版は原則として『吉川英治歴史時代文庫』から引用し巻ページを②一三三〜一三四のように示した。ただしすべての箇所を示したわけではない。すべての文献からの引用にあたっては、旧漢字を新漢字に改めた。ルビ等については必要に応じて加除した。なお戦前版の『宮本武蔵』（新聞、単行本）は総ルビである。文章の引用にあたって略した箇所は、（中略）あるいは……で示した。

『宮本武蔵』の誕生

大衆社会の出現

吉川英治研究

吉川英治について調べはじめたとき、あれだけ大衆的な作家であり、その存在感の割に、案外扱った研究の少ないのに困った。吉川英治作品を文学論の立場から論じている研究がほとんど見つからなかったのである。もちろん伝記として尾崎秀樹《ほっき》の『伝記吉川英治』（一九七〇年）のような優れたものはある。また宮本武蔵や吉川英治に言及した文章はたくさん存在する。特に一九六二（昭和三七）年九月の死亡時には、多くの追悼文が雑誌・新聞に掲載された。しかしそれらの多くは、文学論というよりは社会論・ジャーナリズム論の見地に立つものであり、正面から論じられることは少なかったように思われる。本書も吉川文学の研究ではない。最近、縄田一男らによって、徐々に研究がなされてはいるものの、吉川に代表される大衆文学作家は、まるで文学研究の対象ではないという状況なのである。しかし吉川への関心が文学以外の分野からなされていることは、彼を扱うことが、たとえば社会論とか歴史論としては大いに意味があることを表わしているように思える。

大衆文学と純文学

文学を大衆文学と純文学に区別する考え方がある。これは多くは、作品そのものの分類というより、作家による分類である。もちろん遠藤周作のように、両方の作品を意識的に書き分けた作家もある。しかし、あの人は大衆文学作家、この人は純文学作家という区分は残っている。少なくとも戦前から戦後の長い間、その分類は厳然としてあったように思われる。だいたい近代文学史に登場するのが純文学だ。

この区別の垣根はしだいに低くなってきているようだが、芥川賞と直木賞という文壇でもっとも権威のある賞の存在によってなかなかなくならない。あらためて述べるまでもなく芥川賞は芥川竜之介で純文学を対象に、直木賞は前出の直木《なおき》三十五《さんじゅうご》で大衆文学を対象に与えられる。

以下は単なる筆者の偏見かもしれないが、芥川賞作品は、どちらかというと社会で起こるさまざまな事象のなかで、先端的なテーマや思想を抉《えぐ》りだし、したがって対象は特殊になる。あるいは面白いというより思索的であり、時には読者に不快感を与え、難解さを感じさせる。難解でなくても、そこには何か社会を導いていこうという気概がなくてはならないような臭いが感じられる。これに対して直木賞は、しばしば話題性のある「作家」も受賞する。その作品は、面白いこと、わかりやすいこと、そしてどこかで少しためになるという側面があるように感じる。本来は文学者ではなく隣接分野で活躍していた青島幸男や山口洋子・なかにし礼なども受賞して「作家」となった。

そもそも近代日本文学が出発したときには、大衆文学と純文学というような区別はなかったはずである。それが大正後半から、その区別が生じたといわれる。大正期におけるマスメディアの成熟、大衆社会の成立とともに、大衆文学というジャンルも誕生したのであった。そして大衆文学が大衆文学であるためには、ベストセラーとして大量に売れなければならなかった。つまり大衆が理解できる内容であることが必要であった。そしてその結果、通俗的にならざるを得なかったから、「文学」の質的には純文学より低い地位を与えられたのである。そしてその結果、純文学は高尚で、大衆文学は低俗だという観念を作り出すことになった。純文学は難解で哲学・思索的、大衆文学は平易で娯楽的という観念である。そしてこれは読み手側の自意識、純文学を読むのは社会を導く知識人・教養階層であり、大衆文学を読むのは導かれる非インテリの一般大衆であり、非教養人である（あるはずだ）という、一種のエリート意識につながっていた。

そしてこのような違いは、誰を読者としてどのような内容の本を提供するのかという出版戦略の差を生み出すことになる。大学生や知識人を対象に教養書を供給した岩波書店と、大衆向け出版を行った講談社との違いである。文化という言葉を利用することが適切か否かは別として、純文学は岩波文化、大衆文学は講談社文化というようなイメージが発生したのである。そして以上のような感覚そのものが、文学研究者を大衆文学から遠ざけ、純文学のみが研究に値するものであるという雰囲気を生んだのではないか。

教養主義と修養主義

いっぽう大正教養主義という言葉がある。大正時代の知識人の知的雰囲気を表わす言葉である。大正教養主義とは、思索的な哲学書（その版元が岩波書店であった）などを好んで読んだ旧制高等学校での環境を指して言う場合も多い。この教養主義は、知的に高尚なものを求めることによって人格の完成をめざすことを理想とするものであった。そしてこれは、型にはまったものをめざすものではない、型にはまらない何物かを求めるという点において、しばしば修養主義と対比された。

修養主義あるいは修養運動も、大正期に盛んであった。蓮沼門三《はすぬまもんぞう》の修養団が、文字通り代表するが、日露戦後から大正期にかけて実に多くの修養運動が展開された。それは宗教界から派生したものや、青年団・報徳会などの社会運動の一端としても行われた。それは武道・芸道や禅の修行・瞑想、禁欲、自己鍛練、あるいはその他の行為の繰り返しなどによって心身を鍛え健全な発達を図るものであった。教養主義と同じように人格の完成や強靭な精神と身体を求めるものであったが、ある型を獲得することを通じてなされるものであり、教訓的なところもあったため、知識人にはうけなかった。それは社会性や創造性・他者性に欠けたため、社会とは断絶しやすく、保守的に傾き、自己満足に陥る危険性があった。

さらに、このような教養主義と修養主義との区別は、教養主義が舶来のものに傾斜し、修養主義が土着的な要素を含んでいたところにも見ることができる。教養書は西洋の翻訳ものである場合が往々にしてあった。

もっとも最近の研究では、知識人の教養主義と、一般人の修養主義は、ともに大正期に現われた対照的な潮流ではなく、インテリの教養主義が、農村的なエートスを前提にしており庶民のエートスとそれほど隔たりはなかったこと、両者はもともと起源を同じくしており相通じるものがあったこと、インテリ層において教養主義が内面化していたわけではなく、あんがい修養主義的な側面の方が後に影響を与えていることが、竹内洋や筒井清忠によって指摘されている。しかし、大衆と知識人との間に、主観的な断絶があったことは否めない。

大日本雄弁会講談社

講談社は、明治末期の一九一一（明治四四）年に野間清治《のませいじ》によって創設されたものである。また野間は、一九〇九年に大日本雄弁会を創設し、『雄弁』という雑誌を出していた。その創刊当時は、雄弁＝演説が庶民にとって娯楽の一つであり、多数の講演会・演説会が各地で行われていた。この演説会は、必ずしも弁論部で想像される政治を題材とするものではなく、実にさまざまなことが語られる場であった。その演説速記を、文章として読者に提供したのが『雄弁』であった。いっぽう講談社は『講談倶楽部《クラブ》』の出版元であり、「講談」という文字が使用されていることが象徴しているように、それは近世以来の講談師によって語られる物語、すなわち講談を継承するものだった。

講談社と大日本雄弁会は、一九二五（大正一四）年に合体して大日本雄弁会講談社という長い名前の出版社となる。そこから発売されたのが『キング』という雑誌であった。そ

図4　『キング』第1巻第1号

して『キング』の創刊は、日本に大衆社会が出現し、文学の一つのジャンルとして大衆文学が成立したことを象徴していた。内容的には娯楽小説が中心であり、一〇〇万部もの発行部数を誇ったのである。教養人を対象とし民本主義を唱え大正デモクラシーを導いた『中央公論』や、社会主義やマルクス主義を紹介し当時の社会運動に大きな影響を与えた『改造』のような政治・社会・純文学を扱った硬派の総合雑誌に比べて、ずっとくだけた、まさに大衆向きの雑誌であった。野間は「日本一面白い、日本一為になる、日本一安い」雑誌をめざしたという。売れるには、安いことも重要である。菊池寛《かん》によって創刊された『文藝春秋』は、それよりもやや教養人をねらったものであった。そして一九三五年に始まる芥川賞・直木賞は、中間に位置する同誌の拡販戦略の一つでもあった。

小説『宮本武蔵』

大衆文学作家吉川英治

吉川英治が作家として本格的な活動を始め認められたのは、『キング』に掲載した小説『剣難女難《けんなんじょなん》』によってであった。中里介山《かいざん》の『大菩薩峠《だいぼさつとうげ》』が大衆文学の魁《さきがけ》と文学史的には位置づけられるが、吉川は講談社の申し子であり、彼の登場は日本における大衆文学の本格的登場を意味していた。そして吉川文学は、戦前・戦後を通じて大衆文学の代表と見なされることになった。

ここではまず『宮本武蔵』という小説の内容はどのようなもので、吉川は小説を通じて何を読者に訴えようとしたのだろうか、それを確認することから始めよう。小説からのかなり長い引用が本書一五三〜一六二ページにしてあるので、吉川の文章を味わいたい人は、そちらを最初に読んでもらってかまわないが、まずあらすじから。

あらすじ（前半）

武蔵《たけぞう》は新免無二斎《しんめんむにさい》の子で幼少から野性的な暴れん坊で、一三歳で旅の武芸者有馬某を殺してしまうほど強く残虐なところもあった。武蔵は、友人の又八と語らって関ヶ原の合戦に、豊臣方の雑兵《ぞうひょう》として参加したが敗北してしまう。又八は本位田《ほんいでん》家の跡取り息子として母親のお杉婆の期待を受けていたが、優柔不断な意志の弱い性格だった。戦場から逃れた二人は、お甲と朱実《あけみ》という母娘に助けられ、傷が癒《い》えた武蔵たちは、野武士である辻風典馬一党の襲撃から二人を守る。お甲は武蔵と又八を誘惑し、その誘惑に負けた又八とお甲・朱実は、ある日、武蔵を置いていずこかへ去ってしまう。

置き去りにされた武蔵は、宮本村へ帰郷し、姉のお吟《ぎん》をたずね、また本位田家のお杉婆に又八のことを告げようとするが、徳川方からは落武者の捕縛命令が出され、いっぽうお杉婆は又八の失踪《しっそう》を武蔵のせいにする。武蔵は姫路から派遣された武士たち（その侍大将が青木丹左）を斬りまくり抵抗する。

武蔵を捕らえたのは、禅僧の沢庵《たくあん》であった。沢庵は、お通《つう》を連れて山に入り、お通の笛の音にひかれて現われた武蔵を観念させてつかまえたのである。お通は、又八の許婚《いいなずけ》であり本位田家の嫁となるはずであったが、昔から武蔵はお通に対してだけは優しかった。沢庵の手に委ねられ千年杉の大木に吊り下げられた武蔵は、沢庵との問答でこれまでの生き方を反省する。しかしその縄を切ったのは、武蔵とともに村を去る決心をしたお通であった。武蔵は、中山峠でお通とともに生きることを語り、姫路での再会を期していったん別れる。

姫路で待っていた沢庵が武蔵に課したのは、姫路城天守閣開《あ》かずの間における和漢書の読書と瞑想《めいそう》生活であった。そして三年後、二一歳になった宮本武蔵《むさし》は、武者修行の旅に出ることになった。武蔵をずっと待ち続けていたお通は同行を訴えたが、武蔵は逃げてしまう。ここから武蔵の求道《ぐどう》の旅と、その武蔵を慕って追いかけるお通の会えそうで会えないスレ違いの旅、そして二人に恨みをいだき打ち果たそうとするお杉婆の旅が始まる。

武蔵は、まず京都で天下に知られた剣術の名門である吉岡道場に乗り込み弟子たちを次々に破る。このころ又八はお甲のヒモとなり自堕落《じだらく》な生活を営んでいた。彼は武蔵の変貌を見て奮起するものの、卑怯で欲望に弱い又八は、すぐに挫折してしまう。朱実も、遊女となり不幸な境遇に落ちていくが、いっぽうではお通と同じように武蔵を慕いつづける。

武蔵は、京都を離れ槍で名高い宝蔵院《ほうぞういん》をめざして奈良に向かい、その途中で城太郎という少年を弟子にする。城太郎は青木丹左の子であったが、まだそれは知らない。

宝蔵院で槍の稽古を受け、また奥蔵院の日観和尚より殺気を矯《た》めることを教えられた武蔵は、次に柳生《やぎゅう》をめざす。そこには、幕府の剣術師範として天下に知られた柳生石舟斎《せきしゅうさい》がいたからである。宿屋の娘が持ってきた芍薬《しゃくやく》の切り口の鋭さから、これを石舟斎が切ったものだと見抜いた武蔵は、それをきっかけに城に入ることに成功し、四高弟と対戦する。その最中に、武蔵より先に石舟斎のもとに身を寄せていたお通の吹く笛の音が城内に響きわたり、動揺した武蔵は逃げ出してしまう。翌朝、武蔵は石舟斎の庵《いおり》の前に立つが、庵の入り口に記された漢詩を読み、自分の未熟さと石舟斎の名利と欲を拒《こば》む生き方の奥深さを感じて、会わずに去ることになる。武蔵は石舟斎に人間としての理想を見いだしたのだった。柳生の剣の奥義《おうぎ》は戦いを避けることであった。

伊勢路に入った武蔵は、そこで鎖鎌《くさりがま》の使い手である宍戸梅軒《ししどばいけん》の罠《わな》に陥りそうになる。梅軒の本名は辻風黄平と言い、兄はかつて武蔵によって殺された天馬であった。梅軒は、天馬の仇《かたき》である武蔵に、したたか酒を飲ませ寝込みを襲ったのだった。危機を間一髪《かんいっぱつ》で逃れ、京都に戻った武蔵を待っていたものは、お杉婆と、朱実、お通と城太郎、そして武蔵に敗れた恥をそそぐべく待ちかまえていた吉岡一門との戦いであった。吉岡清十郎、弟の伝七郎を破り、最後に一乗寺《いちじょうじ》下《さが》り松で一門との決戦に臨む。

この間に、武蔵は本阿弥光悦《ほんあみこうえつ》親子に出会う。武蔵は血なまぐささを指摘され、やがて絵画や茶の湯をはじめとする芸術の世界に導かれることになる。またその縁で出会った吉野大夫より、心に余裕を持つことの重要性を学んだりする。宿敵となる佐々木小次郎と知り合うのも、この京都である。小次郎は、その天才的な剣の技量を鼻にかける冷血で高慢な男であった。武蔵の名が高まるにつれ、また取り巻く人間模様の綾から、二人は戦わねばならない運命に陥っていく。

一乗寺下り松での決戦に挑む直前にお通と再会した武蔵は、お通の気持ちを受け入れ、自分の率直な気持ちを伝える。お通のことを思いつづけていたこと、しかし剣の道に精進することが少しだけ好きであり、二つの道を同時にできない性格だということを。武蔵もお通も、お互いのことを理解しながら、一緒にいられない運命を感じた瞬間であった。

あらすじ（後半）

一乗寺下り松で死地を逃れた武蔵は、お通・城太郎と新開地の江戸をめざす。そして又八も、人生の再起を期してそれを追う。しかしお通との仲をうらやんだ又八の仕業《しわざ》によって、木曾路で二人ははぐれてしまう。旅を続ける武蔵は、杖術師《じょうじゅつし》の夢想《むそう》権之助と知り合ったり、下諏訪で伊達政宗《だてまさむね》家臣の石母田外記《いしもたげき》から伊達家への仕官を勧められたりする。またここで徳川の天下をひっくり返そうと策謀する奈良井の大蔵《だいぞう》が登場する。ついで小次郎やお杉婆も江戸に現われ、話は江戸周辺を舞台に展開する。

下総法典ヶ原《しもうさほうてんがはら》で武蔵は、伊織《いおり》（実はお通の弟）という少年とともに、原野を道場にして修行する。小屋を建て、鍬《くわ》をもって荒野を開墾し、水を治め、自然を相手に行う修行であった。そのなかで武蔵は、水や土を制しようとする態度の誤りを悟り、自然に従うことを学ぶ。そして土匪《どひ》の襲撃から村を守ったことをきっかけに、周辺の農民を導くようになる。自己の兵法を治国のために活《い》かしてみる、つまり政治への興味が芽生えたのであった。そのような姿を偶然目にしたのが細川藩家老長岡佐渡、これが巌流島および晩年熊本に客分として召し抱えられるきっかけになる。

江戸でも、軍学師範の小幡一門、無法者の半瓦《はんがわら》一家などが絡んで、小次郎と武蔵は敵対関係となる。やがて武蔵は、小幡一門の北條新蔵、その父の北條安房守氏勝・沢庵などの縁により、柳生但馬守宗矩《やぎゅうたじまのかみむねのり》を知り、そこから徳川将軍家の剣術師範に推挙される。しかしそれも、お杉婆らのじゃまによって取り消されてしまう。

その間、秩父三峰《みつみね》神社の神楽太鼓《かぐらだいこ》の中に二刀流の真理を見つけ出した武蔵は、そこで宍戸梅軒やお甲に襲われる。しかし、夢想権之助の助けを得てこれを破る。奈良井の大蔵の一味となっていた城太郎は、伊織と沢庵とに出会い、大蔵の企みは露見する。そして大蔵の提供する金に目のくらんだ又八が、井戸掘人夫として江戸城にもぐりこみ徳川秀忠を狙《そ》撃《げき》する計画も未遂に終わる。捕縛された又八は、生き方を悔い改め出家する。

仕官の道を断たれた武蔵は、自分が抱いていた野心に気づき、ますます自分を研《みが》かねばならぬことを決心し一人で修行につとめる。そして迷いと立ち向かう何年かが過ぎる。又八と再会した武蔵は、ともに愚堂和尚の門を叩き救いを求めることになる。しかし和尚は武蔵を無視し、武蔵はただひたすらついていく。そしてついに行き詰まったと感じていることこそが、自分の心の迷いであったことに気づかされる。

いっぽう細川家に迎えられた小次郎は豊前に向かう。伊織も、姉であることがわかったお通を探すが、会うことができず、いろいろなことがあった末に長岡佐渡に救われて家来となる。お通は、お杉婆の策略で故郷におびきだされるが、そこでもいろいろなこと（城太郎に助けられたり、お杉婆をお通が助けたり）が起こるが、最後にはお杉婆は、これまでの非を悔い和解することになる。

いよいよ一六一二（慶長一七）年、武蔵と小次郎が巌流島で対決の時を迎える。小倉に登場人物が皆集まり、見守られて試合に臨む。お杉婆は武蔵に詫びを言い、武蔵はお通に別れを告げる。約束の時間を違《たが》え遅れて現われた武蔵に、小次郎は怒りの言葉をなげつけ、対戦が始まる。勝負は武蔵の勝利に終わった。勝利を分けたものは、小次郎の信じる技や力の剣と、武蔵の信じる精神の剣の差でしかなかった。

『宮本武蔵』の主題

吉川英治は『宮本武蔵』で何を伝えようとしたのであろうか。吉川は、「火の巻」を書き終えたとき、途中から読む人に対して「閑話《かんわ》一夕《いっせき》」という文章の中で、次のように記している（朝日36・9・11）。

この小説を読んでいたゞく人に分つてゐてもらひたい第一の要所は、この小説の主人公は、飽《あく》まで絶望を持たないといふことである。従つて、この小説は飽まで、読者と共に主人公が、常に人生に希望を希望をと見つけて歩んでゆく。然《しか》しその実なか〳〵現代社会のやうに生活し難《にく》い、又息ぐるしい世の中であるのだが、他に勝ち自己に勝ち、処生の百錬《ひゃくれん》を超えて、自分を完成する――つまりどんな穢濁《おだく》な世の中にでも、世の中を見かぎらず自分を打捨てゝしまはずさういふ時代の中ほど、よく生きぬいて最後の実果をつかむ、といふ所にある。

話の筋も、登場人物はずゐぶん多いが、骨子はさう複雑ではないつもりである。主人公の武蔵と逆な人生を歩いてゐるのが、本位田又八といふ同年で同郷の青年である。女性にも、お通と朱実といふふたりが、ふたつの型の恋愛をしてゆく。――武蔵を繞《めぐ》つて、又八を繞つて、女のあるく道も、男の処生や剣の修行以上のあぶなさと難しさを持つのである。

読者にわかってもらいたかったことは、人生をいかに生きるべきかに関して、よく生きて自己を高めようとすることの重要性である、と吉川は述べる。すなわち修行による人格修養の重要性と言ってよい。そしてそれを沢庵和尚に導かれながら、あるいは沢庵と競いあいながら、剣の修行を通じて精神的に成長していく姿を描くことによって示しているのである。また武蔵の求道だけでなく、登場人物がそれぞれに違った姿で、自分の生き方を見つめ、それぞれの理想を思いめぐらしつつ、懸命《けんめい》に生きていく姿を描いている。お通も、又八も、朱実も、城太郎も、その父の青木丹左も、そしてお杉婆もである。

そして読者の多くも、このストーリーに感動したのである。ただし修行や修養ばかりでは話が単純すぎ、堅苦しくなるため、お通とのすれ違いの恋愛ドラマや、武蔵やお通の人物を浮き立たせるために又八や朱実を配し、お杉婆の武蔵に対する仇討話や、脇役として城太郎や伊織、奈良井の大蔵とかが登場して武蔵の物語と絡み合うのである。この部分が面白くなければ、あんなに読まれることはなかったはずである。なお武蔵も沢庵も実在の人物ではあるが、この二人が出会ったということは考えられず、これは吉川英治の創作である。またお通は架空の人物である。

骨肉愛

『宮本武蔵』だけでなく吉川英治の小説を構成する重要な要素として、三つのものがあることが従来から指摘されている。それは骨肉愛と修養（求道）と「もののあわれ」（無常感）である。このうち後の二つについては以下で論じることになるはずなので、ここでは骨肉愛（家族愛）について少し補足して説明しておこう。

吉川は、その生い立ちから家族愛に飢えていたと言われる。その結果、その小説には、家族間の血のつながりの強さがことさら強く著わされている。それは『宮本武蔵』においては、姉のお吟を思う武蔵、軟弱な又八を溺愛《できあい》するお杉婆、ともにさまよい歩く青木丹左と城太郎父子、幼くして生き別れたお通と伊織姉弟という人間模様によって描かれる。

だから、最後に吉川は、それらの努力をかなえさせてやらねばならなかった。青木丹左は帰参がかない城太郎と暮らすことになり、又八はいったん出家させられたのち、朱実に再会し、最後には「おれでも……こんな凡くらでも、眼がさめてやり直せば、少しづつでも、変るんだなあ」と言わせている。そして巌流島のシーンに至る直前に、お杉婆も自分の誤りに気づき改心して武蔵やお通に謝り、強い意志を貫き通したお通にも「今は、幸せでございます」といちおう言わせて、それぞれの思いをかなえさせた後に、主要登場人物は、それぞれの思いをもって武蔵と小次郎の対戦を見守るという大団円の結末を書かねばならなかったのだろうと思う。骨肉愛という要素が強いことは確かである。

ビルドゥングスロマン

しかし先に引用した文章に書かれているとおり、吉川が武蔵を小説の主人公に取り上げたのは、その精神的な成長を提示することにあった。吉川は宮本武蔵を主人公にした理由について、それまでの武勇伝や講談で語られてきた剣豪という武蔵の古いイメージ（それを吉川は「変形的武蔵のまぼろし」と言う）を抹殺《まっさつ》して、もっと真実に近い、もっと私たちの「近代精神の中にも交感のできる武蔵を再現してみたい」と、第一巻が出版された時（一九三六年四月）に序文で書いている。

ここで言う近代精神との交感というのは、さらに次のように説明されている。現代の民衆生活は「余りにも、繊細《せんさい》で小智で無気力になりすぎてしまった」。ほんらい自分たちは「強靭《きょうじん》なる神経や、夢や、真摯《しんし》な生活ぶり」を有していたのであり、それを武蔵を描くことにより、「忘失の中から甦《よみが》へらせて」みたいと言うのである。吉川は、武蔵の真実の姿を「道の人」・「哲人」とまとめている。また、武蔵が評価できるのは、人間的完成に向かって努力した人であると述べているから、『宮本武蔵』の本質を修養小説と言うことができよう。

結論に至る過程は、どのように書かれているのだろうか。

人間のゆくべき道は修行であり、剣を魂と見なして人間となる修行であると書く。またお通にも、重要なのは「心の事です」と言わせている。

武蔵は、「兵法修行のうちは、……多艱《たかん》に克《か》ち、忍苦を求め、自分を百難の谷そこへ捨ててみねば、その修行に光りはついて来ないのだ」と忍苦・百難を求める。修行中の兵法者に道づれは要《い》らないと、姉のお吟への家族愛やお通への恋心を、「男が、男の使命に向って挺身する時は、恋など、頭の隅にも措《お》いては居ないのだ」と拒絶し、生死の妄念を滅し一剣の権化《ごんげ》と化していく。煩悩《ぼんのう》や乳くさい感傷、家庭の灯を羨《うらや》む感情を克服し、理智や力の過信を去り、勝とうとすることさえが誤りであること、自己をなくす必要、「いかによく死ぬか」というようなことが悟られていく。また恃《たの》もうとする気持ちはむろんのこと、祈ろうとする気持ちさえもが否定され、空身《くうしん》となり心力で動くようになることがめざされる。

その間、武蔵に未熟さを感じさせてくれるのが、お杉婆の吹き針であったり、吉岡清十郎に勝ったあとの寂しさの感情であったり、本阿弥光悦との出会いであったりする。また徳川家の師範として取り立てられることが見合わせになったことや、愚堂和尚の態度だったりもする。より高い段階になると、苦しむために苦しみを追っているような自分、修行と言っている自分が、まだ未熟であること、行き詰ったと感じていることさえもが壁とされる。このように修行の過程で遭遇するさまざまな苦難や迷いを、ひとつひとつ打ち破っていく姿が描かれるのである。青年がさまざまな苦難を克服して成長していく姿を描くビルドゥングスロマンとよばれる小説の分野があるが、それに属すると言ってもよい。

吉川英治以前の武蔵

なるほど吉川の言うように、それまでの武蔵のイメージは、講談によって口演されてきた、仇討《あだうち》を主題とする単なる天才的な剣術使いであった。また錦絵の題材でもあった（三九ページ図6参照）。

明治期の武蔵像

明治時代の武蔵像を知るために、『明治の読売新聞』（明治七年～明治四五年）で、宮本武蔵をキーワードにして検索してみたところ、一二件がヒットした。その内容は、興業記事が四件、宮本武蔵の木剣展示記事が二件、宮本武蔵の墓に関する記事が二件で、これが宮本武蔵本人に直接関係するものであった。残りの四件のうち、三件は両刀使いの強盗（内二件は同一犯）の記事、一件は刀を振り回す人物の記事に刀との関連で宮本武蔵の名が使われているにすぎない。特にここで取り上げるべきものはない。

講談本のなかの宮本武蔵

筆者は、講談本の宮本武蔵物のうち、真龍斎貞水《しんりゅうさいていすい》（一八九五年）と伊東陵潮《りょうちょう》（一九二九年）によるものの二冊を読んでみた（三九ページ図5は前者）。両者は、大まかな筋は共通であり、伝統的な講談の筋をふまえているものと考えられる。その物語は、『忠臣蔵』と同じような仇討を主題とするものであった。共通点を中心に語ると次のようになる。

武蔵は吉岡無二斎《むにさい》の子供であったが、少年時代に有馬喜平次という武者修行の武芸者と戦ったことをきっかけに、熊本藩士・宮本武左衛門の養子となり宮本武蔵を名乗るようになる、いっぽう父の無二斎は姫路で、偶然のことから佐々木小次郎と勝負することになり、小次郎を打ち敗かす。面目を失った小次郎は、それを恨みに思い、無二斎をつけねらい鉄砲を使って闇討ちにしてしまう。それを知った武蔵は、武者修行と称して熊本から小次郎をさがす仇討の旅に出る。その旅の途中でいろいろな事件に遭遇したり、いろいろな人と戦っていくエピソードが語られる。そこが講談師の腕の見せどころであり、その語り口の面白さが、講談の人気を左右することになる。

そこでもいくつかの共通する話がある。小次郎がいた姫路に着いた武蔵は、足軽として姫路城の天守番をして、そこに棲《す》む妖怪を退治する。ところが妖怪の罠《わな》にはまってしまい、藩主の怒りをかい蟄居《ちっきょ》させられてしまう。そこへ小次郎が帰って来て、藩主の前で武蔵と小次郎は立ち合うことになる。試合にあたって小次郎は、杖の先に分銅《ふんどう》を仕込んだ振杖《ふりづえ》を相手に知らせずに用いる卑怯《ひきょう》な手を使って武蔵に傷を負わせる。武蔵は虎口を逃れて姫路を去り、いっぽう小次郎も奸策が露見して姫路を追い払われる。武蔵は小次郎を探して日本全国を旅する。その途中で悪狐退治をしたり、白倉某という悪漢に風呂で熱湯責めに遭ったりするが、それを打ち破り、悪いいたずらをする侍を懲《こ》らしめたり、塚原卜伝《ぼくでん》あるいは伊藤一刀斎《いっとうさい》の修行を受けたりするというような話が続く。

また脇筋の話として、かつて武蔵が少年時代に殺してしまった有馬喜平次の養子である喜兵衛の武蔵に対する仇討話が絡まる。偶然武蔵と出会い敗北を喫した喜兵衛は、武蔵の二刀流による十字の構えを破るために、木の股を打ち割る修行（それも糸に吊るした木の股を糸を切らずに打ち割る修行）に努め、最後には武蔵の十字の構えを破る腕前にまで上達する。その時には、武蔵への復讐心《ふくしゅうしん》は消えうせ、武蔵とは義兄弟の契《ちぎ》りを結ぶという修養主義的な側面も有する話である。

そしてとうとう最後に小次郎と小倉で巡り合い、あっぱれ巌流島での仇討成功、めでた

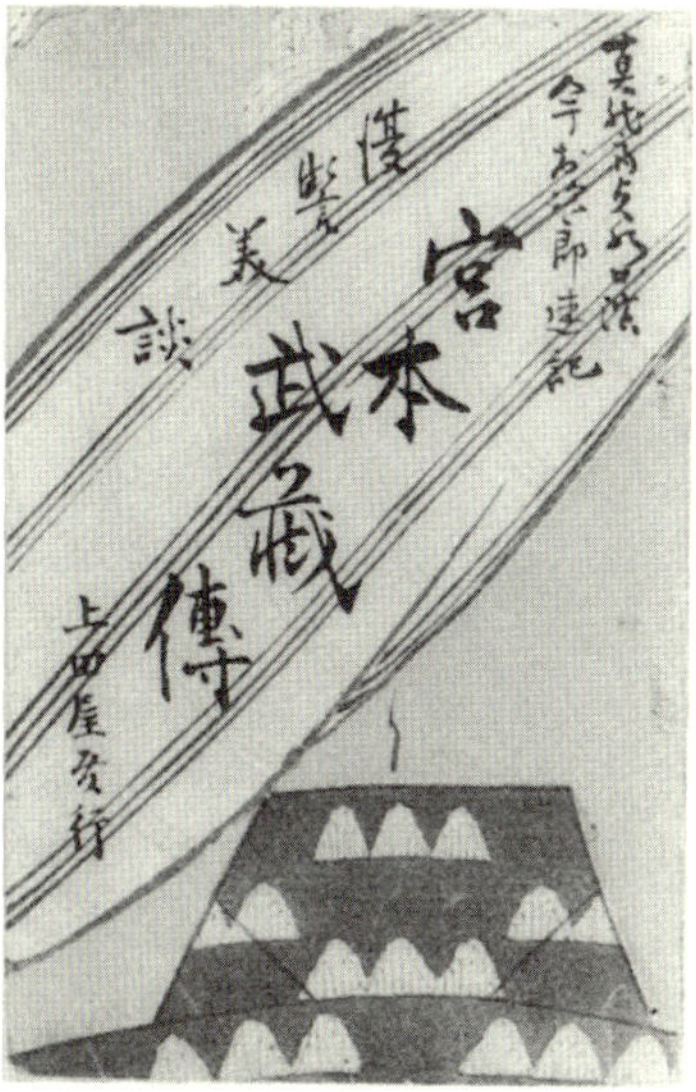

図５　講談本『復讐美談
宮本武蔵伝』

図６　錦絵「九州岸柳島において宮本無三四佐々木岸柳仕合之図」

しめでたし、という結末である。最後のところは案外そっけない。これは、「花筏《はないかだ》巌流島」という一七四六（延享三）年の浄瑠璃《じょうるり》脚本以来の話の筋を引き継いでいるという。

この講談のうち姫路城の天守番の話が、吉川英治によって換骨奪胎《かんこつだったい》されて、天守閣開《あ》かずの間における三年間の修行という話になっている。お杉婆の誤解にもとづく武蔵への仇討の部分が、伝統的な講談に影響されているのは確かであろう。

宮本武蔵遺蹟顕彰会

宮本武蔵と言えば、このような決まりきった筋を思い浮かべるのが一般であった。ところがいっぽうでは、「武蔵の研究とか景仰《けいぎょう》とかいふものは、近年の日本主義風潮の副産物ではない」と吉川自身が『随筆宮本武蔵』の中でちゃんと指摘しているように、武蔵の生き方に何ものかを見いだし、武蔵を「偉人」として崇拝する者も存在していた。現に吉川は、武蔵の伝記的事蹟について宮本武蔵遺蹟顕彰《けんしょう》会編纂の『宮本武蔵』（一九〇九年発行）を下敷きにして物語を展開させている。それだけでなく、思想的にも影響を受けているように思われる。

この本は、「物質的文明の進歩は、動《やや》もすれば人心を浮薄《ふはく》ならしめ隋《（惰）》弱ならしめ」、その結果「武士道をも軽視し、かかる偉人の蹟をも顧みざらむとするごとき傾向」が出現した日露戦後の傾向を憂える心情から書かれたものであった（序文）。それは大和魂《やまとだましい》・武士道を「我が国開闢《かいびゃく》以来三千年上下心を一にし忠孝を崇《たっと》び武を錬《ね》り勇を養」ってきた固有の特性とし、武蔵を単に一個の剣客とするのではなく、大和魂・武士道を培養した偉人として顕彰しようという意図にもとづいて編纂されたものであった。吉川も、武蔵を武士道を再興した人と位置づけていた。これについては後で再び言及するので、記憶にとどめておいて欲しい。

日露戦後の社会状況と『宮本武蔵』

日露戦後は、さまざまな新思想が芽生え、思想界の一大変動があった時期である。政治的にはデモクラシー思想や社会主義思想が浸透しはじめ、社会的には女性や社会的差別を受けてきた人々に対しても目が向けられるようになった。その中から人格を磨くことに価値をおく大正教養主義が育ってくることになる。その反面、動揺する社会に対して倹約《けんやく》・勤勉の必要があらためて唱えられ、「国民道徳」が強調され、それらは報徳運動や修養主義運動の一部を構成していくことになる。

そのきっかけは一九〇八（明治四一）年一〇月の戊申《ぼしん》詔書《しょうしょ》の発布であった。戊申詔書とは、「勤倹貯蓄の件に付詔書」とも題される詔勅《しょうちょく》で、教育勅語・軍人勅諭《ちょくゆ》とならぶ戦前の三大勅語の一つであった。そこには「宜《よろし》く上下心を一にし、忠実業に服し、勤倹産を治め、惟《こ》れ義醇厚俗《ぎじゅんこうぞく》を成し、華を去り実に就《つ》き、荒怠相誡《いまし》め自彊息《じきょうや》まさるへし」という語句が含まれていた。発布翌日の地方長官会議で平田東助《ひらたとうすけ》内務大臣は、この詔勅の趣旨を、「民力の涵養《かんよう》と風紀の振興」にあると述べ、「奢侈《しゃし》の弊《へい》を誡め、倹素《けんそ》の風を奨《すす》むると共に、一面進で殖産興業を盛にし、勤労の風を興し、醇厚の俗を養ひ、人心を作興《さっこう》するの道を講じ」るべきことを訓示した。これは日露戦後の不況と農村社会の疲弊、戦争での勝利による目標の喪失感などに対して、これまで以上に勤勉に努め、自助努力をするとともに、お互いに協力しながら、日々を送るよう指示したものであった。

このような詔勅の趣旨にもとづいて、部落有林野の統一、産業組合の設立、農会の系統化、町村是《ぜ》の制定、報徳会・斯民《しみん》会・青年会の再編や在郷軍人会の組織化などを含む地方改良運動が繰り広げられた。中心となったのは内務省と文部省（小松原英太郎文部大臣）であった。

こうした状況の中での宮本武蔵への注目は、このような潮流の一部であり、それが有していた問題意識を吉川は引きついでいたと言えよう。これまでそれが書かれた時期から、しばしば指摘されてきた『宮本武蔵』は満州事変後の時勢や思想状況に大きく影響された作品であるという位置づけは、そう単純には言えないようだ。吉川は、大正後半期から昭和初期の「ジヤズやデカダンの風靡《ふうび》した時代」の社会状況に反省をうながすために野性を描こうとしたと記しているし、別の所でも、ニヒリズムやリベラリズムというような潮流に対して、希望と信念を持って歩いていく生活力の重要性を、武蔵を通じて描こうとしたと言っている（『窓辺随筆』）。

大正期における武蔵像の変化

大正期についても『読売新聞』を検索してみたところ、一一件（連載は一件と数えた）がヒットした。そのうち講談関係記事が三件（うち早川貞水の講談を本にしたものが二件、ラジオ放送での神田伯龍講談「宮本武蔵伝」の内容紹介が一件連載）、宮本武蔵の遺作と絵画に関するものが四件、武蔵の伝記一件、興行記事二件（劇一・映画一）、剣道の上手な少年の形容詞として用いたものが一件であった。

この中で一九一五（大正四）年に大江書房から出版された早川貞水講演のものは、大正期における武蔵像の変化を象徴しているように思われる。早川貞水（早川与吉）とは、先の真龍斎貞水と同一人物である（四代目貞水）。教育講談というシリーズで出され「今回内務省文部省より全国青年団に訓令せられし趣旨に恰当《こうとう》し、青年、少年の読み物として最も有益にて面白し」と広告されているものである（読売15・10・10）。ここに出てくる全国青年団への訓令（第一次訓令とよばれる）というのは、一九一五年九月に出された「青年団体の指導発達に関する件」という内務省・文部省による共同訓令を指す。

これは、青年団体を「青年修養の機関」と規定し、「健全なる国民、善良なる公民たるの素養を得しむる」ことを目標として活動すべしと訓令した点に特徴があった。そしてこの場合の修養とは、「忠孝の本義を体し、品性の向上を図り、体力を増進し、実際生活に適切なる智識を研《みが》き、剛健勤勉克《よ》く国家の進運を扶持するの精神と素質とを養成せしむる」（傍点櫻井）ことを指していた。

このシリーズの序文で貞水は、「忠君愛国を骨子とせる精神を修養して大日本帝国永遠の基礎を益々《ますます》鞏固《きようこ》にせねばなりませぬ」と述べ、自分は平田前内相・小松原前文相から「教育講談に依《よ》りて国家に力を尽せよとの御内命を受けた」と述べているのである。貞水が「御用講談師」と呼ばれたのもわかる。同じシリーズで取り上げられている他の人物は、中江藤樹・二宮金次郎・高山彦九郎であり、「人の母」・「千人針」・「人の一心」などというタイトルもある。ひじょうに修養臭いのである。実際にこの本を見ることができたが、五八ページくらいの薄いもので、内容的には前述の講談本のうちの最初の部分、武蔵が宮本武左衛門の養子となり、そのもとで剣術に励み二刀流を修得して「養父実父に孝を尽されたりと云ふ、幼年の時の心がけ」を紹介したものである。もともと講談の中に存在した、忠義心や孝行心を強調しただけのものであり、先に紹介した講談速記本に比べると、まったく面白くない。

また長田某の著である『剣聖宮本武蔵』（白水社）は、武蔵を、読本《よみほん》や草双紙《くさぞうし》によって知れわたっているような「唯《ただ》剣の人のみで無く、復讐譚《ふくしゅうたん》の主人公のみでなく、所謂《いわゆる》高潔偉大の傑士なりし真相」を描いたものだと評されている（読売18・6・8）。

さらに笹川臨風《ささがわりんぷう》（歴史家・俳人）は、「剣法と画法」という文章の中で、剣法の達人が名画の作者であるということに不思議がる人がいることに対して、精神的に共通するものがあることを、武蔵が記した「兵法三十五箇条」の一節を引いて説明している。武蔵が絵を書くにあたって「我が剣法といふは、一たび太刀《たち》を執《と》れば、我れもなく人も無く、貴賤貧富の差別は固《もと》より眼中にない。此機《このき》を以て描くが故に、画が出来たるのである」と述べたことに言及している（読売16・8・13）。

以上のようなところからは、明治末から大正期にかけて武勇伝や仇討話だけではない、修身臭い武蔵の姿がしだいに浸透しはじめ、もともと忠孝を主題とした講談本も、あらためてそのような意義づけをするようになったことがわかる。

武蔵に着目した時期

では吉川は、いつごろから宮本武蔵に注目していたのだろうか。これまで一九三二(昭和七)年秋の直木三十五《なおきさんじゅうご》と菊池寛《かん》との武蔵に関する名人・非名人論争に関わったことが『宮本武蔵』執筆のきっかけだと言われてきた。しかし吉川には、武蔵を題材にしようと思ったのは「満州事変より少し前」だと述べた記述がある。満州事変勃発は一九三一年九月のことである。

これよりずっと前に吉川は、朝山李四というペンネームで「武蔵負けたる事」という短編を『雄弁』に書いている。一九二五(大正一四)年のことである。それは晩年、武蔵が『五輪書《ごりんのしょ》』を霊巌洞で執筆しているときに、細川藩の若侍に語った剣話と禅話の中で、一度も負けたことがないと言われる武蔵が、負けた体験を「極伝《ごくでん》をさづけるのも同じ」だと言ってしゃべり始めたという形で小説にされている。その要約を示しておく。

武蔵に勝った人物とは、吉岡清十郎の従弟《いとこ》である秋山伝七郎である。秋山は、清十郎の復讐で武蔵とはじめて試合をしたときには、比較にならないくらいに弱かったのだが、試合の翌日にも「汝《なんじ》(武蔵)の情《なさけ》などを受けて生きて居たくは無い」と、重傷であるにもかかわらず再度挑戦して再び敗れる。さらにその三年後に、偶然二人は出会い三度目の試合が行われる。その間、伝七郎は、鈴鹿の山奥で、森に入って、大木を裂き、野獣を趁《お》い、自然を師とし、宇宙に剣理を按《あん》じて、暖眠をとらずに武蔵と出会う日を期していたのである。伝七郎は、以前とは別人のように上達していたが、この時にも敗れる。しかし、その一三年後、名古屋にいた武蔵を伝七郎が訪ね四度目の試合を挑《いど》む。武蔵も伝七郎も四〇歳を超えていた。この時の伝七郎の姿は、「怒気もなく焦りもなく、……悟入円満、剣外無念の域」に入っており、武蔵がハッと思った刹那《せつな》に打ち込まれた剣によって、武蔵の木刀は真っ二つに折れてしまった。伝七郎は勝を否定したが、「私〔武蔵〕は慥《たしか》に秋山伝七郎の一念力に負けた」と語った。

武蔵負けたる事
朝山李四
山本英春畫

図７　「武蔵負けたる事」
（『雄弁』第16巻第７号）

この話には、講談の一節で語られてきた有馬喜兵衛の修行の話を翻案したようなところもあるが、主題は『宮本武蔵』とほぼ同じである。修行の大切さと、修行によって獲得される「一念の力」のすごさである。それを、武蔵と対立した伝七郎の姿に託して、かつ武蔵の口を通して語らせているのである。

『宮本武蔵』では修行（精神修養）の結果獲得されるものは、「精神の剣」という言葉で表わされる。武蔵が佐々木小次郎に勝つことができたのも、力や天佑《てんゆう》以上のもの、「精神の剣」（朝日39・7・11）を獲得できたからだと書かれている。

「精神の剣」

第一回の「宮本武蔵」が新聞に掲載される直前の一九三五（昭和一〇）年八月一二日に、陸軍軍務局長の永田《ながた》鉄山《てつざん》中将が、陸軍皇道派の相沢三郎中佐に日本刀で襲われ斬殺される事件が起こった。これは二・二六事件の前兆にあたる事件であり、相沢は剣道の達人であった。吉川は、この事件直後に、京都大学で剣道師範を務めていた大野熊雄という人が訪ねて来たときのことを戦前版の『随筆宮本武蔵』の中に記している。

大野は、「永田中将がもし剣道の一味のひらめきを持つたなら、決して、相沢中佐の刃《やいば》から身を避けるやうな不覚はしなかつたらう、反対に、満身の力で、上官としての厳然たる力で、一喝をしたならば、相沢中佐の刀も無意識のうちに寸秒でも遅滞を生じたに違ひない。その寸秒の間に、自分を処す道があつたと思ふ。自分が永田中将の立場だつたらさうする」ということを話したという。すなわち永田が大野のような剣の達人の境地を体得した人物であったなら、死は避けられたというのである。

吉川は、そこから次のような結論を引き出している。

武蔵が生涯六十幾度の生死の境は、みなさう云つた機微《きび》を実によくつかんでゐる。剣で勝つ前に精神で勝つことである、剣を交へる前にはすでに絶対な勝者となつて闘つてゐるのだ、闘はずして勝つといふ孫子の哲学を、禅によつて把握した心理学から活かしてゐるのである。

『宮本武蔵』はたいへん長い小説である。しかし「剣で勝つ前に精神で勝つこと」という、吉川が武蔵に託して示そうとした結論は、ここにすでに明らかにされている。この文章が書かれたのは、一九三六年一月ごろのことであり、まだ連載が始まったばかりの時であった。つまり『宮本武蔵』の主題は、連載中に吉川自身の成長とか、生活や時代状況の変化とかがあったとしても、その根幹部分は変わらなかったと言えよう。武蔵を主人公に選んだ時から、すでにこの結論はあったに違いない。

『宮本武蔵』は、満州事変後の戦時体制や軍国主義に染めあげられていった時代の影響というよりは、むしろ大正期の社会・思想状況、すなわち明治末から大正期の修養主義全盛の風潮を受けて誕生した作品と言うことができよう。

戦前・戦争直後の『宮本武蔵』

戦前における反響

単行本の発売

「宮本武蔵」は連載中から好評を博し、一九三六（昭和一一）年五月に単行本として第一巻（地・水の巻）が発売されると、発売即日・初版売切となった。

出版元である講談社の販売広告文だから割り引いて読まねばならないが、たとえば「文壇といはず読書界といはず、男も女も、二人寄ればこの話だ」とか、京都大学の学生群は争って見ている。またインテリ女性や女学生にも愛読者がひじょうに多く、「新日本の女性間にながれてゐる新しい思潮や好みがある様」だと某女学校長が話したと記されている。また国際聯盟脱退の立役者で当時「国民的英雄」であった松岡洋右《まつおかようすけ》も、健康的な民族的文

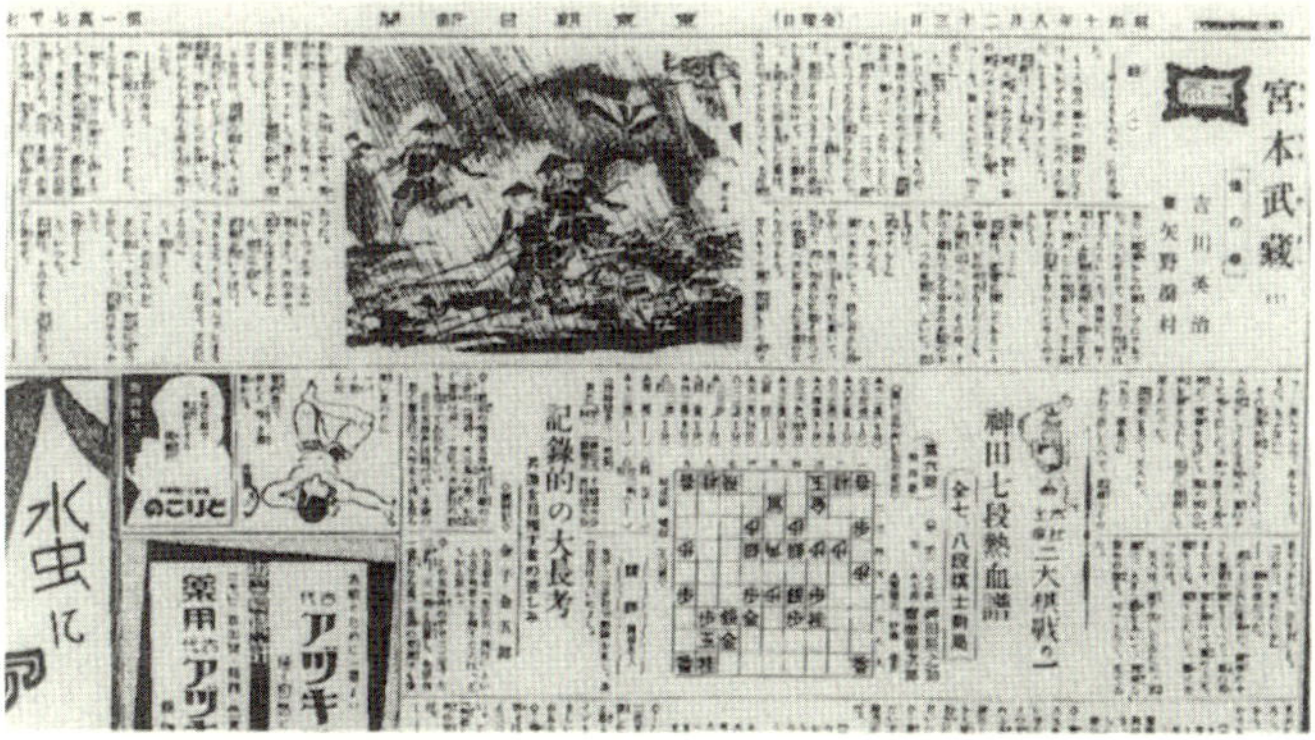

図８　「宮本武蔵」連載第１回（『東京朝日新聞』昭和10年８月23日夕刊）

学が生まれてきたことを「甚だ痛快」であると述べ、さらに「これは三百年前の社会と人物を描いてあるもの丶、心読すれば実に現代社会小説に外ならぬ」として、会う人ごとに「これこそ人生の書」と言って薦《すす》めたという（朝日36・6・25）。第二巻（水・火の巻）発売直後の広告にも、「売れる〱真に出版界の革命的大売行」、「話題の玉手箱」と記されている（朝日36・10・27、12・25）。

しかし、この広告文中にも「読書人の間では、本篇の研究的な話題、批判的な問題で大にぎはひである」と書かれているように、誰からも満足を受けたわけではない。久保三千雄は、在野の歴史家であった森銑三《せんぞう》が史実に合わないとして嚙《か》みついていたことを詳しく書いている。

批判される修養主義

『宮本武蔵』において、修行の結果だんだんと獲得される「精神の剣」の指すものは、いろいろな場面でさまざまに表現されている。たとえばそれは、物事を眼で見、耳できくばかりでなく、肚《はら》で観るようになること、「いつでもすゞやかに、きれいに、潔《いさぎよ》く、ぱつと死ねる」こと、神をも超えた絶対の道を感得すること、「人をも活かし、世をも治め、自己をも菩提《ぼだい》の安きに到つて、悠久の生ける悦びを、諸人と共に汲み頒《わか》たうといふ願」いなどである。しかしこれらは抽象的であり、少しも具体的ではない。また個人の内面を磨くことによって自然に社会に調和することが予定されているように感じられることについて疑問が呈されることになる。

さらに先に引用した「閑話一夕《かんわいっせき》」の文章を利用して述べれば、どんな世の中でも「よく生きぬいて最後の実果をつかむ」、その「実果」というのが、どうも社会における「名声」とか「成功」とかを意味しているように感じられる点についても、後に不満が出されることになる。

社会と個人との関係を描かない吉川の姿勢は、『宮本武蔵』が世間で大喝采《かっさい》を受ければ受けるほど、一部の者からは批判が加えられることになる。特にその自己中心的な修養主義の姿勢が批判されている。

たとえば、東京帝国大学の本位田祥男は、島崎藤村の『夜明け前』などの歴史小説が「大衆小説に堕してゐない」理由を、社会と時代精神との関係をはっきりと摑《つか》もうとするところにあるとしたうえで、第一巻の出版直後に次のように記している。

『宮本武蔵』は確に一つの英雄小説である。……英雄は少くとも或種の英雄は極端な個我主義である。自己中心主義である。……勿論《もちろん》国家社会の指導者となるにはそれだけ偉大な人物を必要とする。……英雄待望論は起らざるを得ないのであるが、……こんな社会では指導者として選ばれる人々は、自己中心ではなく、大衆と親和し、国家の為めに一身を投げ出す人でなければならぬ……兵法第一の個我主義的英雄はもう早時代遅れである。民衆と共に悲しみ、公共の為めに身を換《(ママ)》する人こそ新時代の英雄である。

「主人公の性格又は心境が其背景となつてゐる社会と全々《(ママ)》分離してゐては歴史小説の価値はない」という評価なのである。なおこの文章が書かれるきっかけは、又八と苗字《みょうじ》が同じで、学生から揶揄《やゆ》されたことによるというが、このこと自体は、帝大の学生の多くが実は読んでいたことを表わしている。

また明石鉄也（プロレタリア文学作家）は、発売直後の一九三六（昭和一一）年に、そもそも吉川が描こうとしたはずである武蔵が歩いていた戦国から徳川初期への文化を展望させたうえでの剣の修行が、ちっとも見えてこないと、次のように批評している。

肝心な宮本武蔵が、その時代をどう解釈したか。それが書かれてゐないのが、私には何よりあきたらず思はれるのである。……武蔵と時代性との関係がはつきりしないのである。……作者のいはゆる戦国から徳川初期への文化といふ言葉の中に……もつと突込んだ時代性といふものゝ紹介を期待してゐる私は、主人公武蔵の成長の過程が、その時代性との関聯の中に把握されてゐないことに対して甚だ物足らなさを感じ……てゐるのである。

このような評価は、武蔵と社会・時代との関係、別言すれば武蔵の生き方が、いかにその当時の社会と関連性を持っていたのかということが書かれていないことに対する批判であった。ここには文学は社会を導いていく糧《かて》となるべきだ、ただ個人の精神的修養では意味がないという意識を垣間見ることができよう。

創造性の欠如

正宗白鳥《まさむねはくちょう》も、一九三九（昭和一四）年に読んで、特に面白さは感じなかった、あのころの世相、天下統一の平和時代に入りかけた徳川初期の浪人の生活の有様でもハッキリ描かれていたなら、そういう時代変遷期における武士などのそれぞれの処世法が如実に描写されてあつたら面白く読まれたであろう、「常識的な、極《きま》り切つた精神鍛錬、道徳観」しか書かれていないと述べたうえで、次のように記している。剣道を主とし、禅学や苦難によつて人間が鍛へられるのは、いかにも日本好みであつて、知識階級の読者もさういふ事には、多少の有難味を覚えるのであらう。しかし……武蔵が変な精神家見たいになつてゐるのが、わざとらしく、作りものらしく、張子細工らしく、従つて私は、その超人的武勇に魅惑されなかつた。……作者は……全体を通じて読者に何かを、精神的の何かを与へようと企てゝゐるらしくも思はれる。「文武両道による人格の完成」が如何《いか》なるものであるかを、武蔵を一つの模範としてこゝに描きだしてゐるのであらうか。……この小説に散見してゐる所によると、文武両道中の「文道」は、一種の思はせ振りであり、気取りであり、不得要領のものである。

なるほど戦いの場面には詳しく武蔵の心境の進み具合は記されており、戦闘こそ最大の修行の機会であったとも言えるわけだが、日常の修行シーンは、姫路城に幽閉された三年間や法典《ほうてん》ケ原《がはら》や武蔵野における開墾のほかは、禅の修行や山籠もり、滝に打たれたりしていたことが想像できるだけで、具体的ではない。

また坂口安吾《あんご》は、一九四二年の「青春論」(『堕落論』所収)の中で、晩年の悟りすました武蔵は魅力のないものであること、むしろ武蔵が剣を振り回して格闘していた青春こそが価値のあるものだという認識を示している。これは求道(修養)によって人格が完成されていくという武蔵像は、晩年に武蔵自身が作り出したものであり、吉川のようにそれを信じて描くことは誤っていることを指摘したものでもある。

そしてまた以上のような評価は、『宮本武蔵』の中に、日露戦後の修養主義の雰囲気を嗅《か》ぎ取り嫌ったものだと言えよう。正宗は、トルストイなどの小説だと「極りきつたものに、今はじめて出くはしたやうに感動させられるところに、他の小説との相違がある」のだが、『宮本武蔵』では「私は極りきつた型を見たに留つた」とも記している。

『きけわだつみのこえ』の中の記述

大衆文学というジャンルの登場——それは純文学と大衆文学という区別が生まれたことをも意味する——は、読者層と文学との関係に影響を与えた。大衆文学は一般庶民のなぐさみものであり、教養人は、隠れて読んでいても、決してそれを愛読書としてはあげることはできないというような。

これに対して、吉川自身は、大衆が共感できる倫理性を備えた文学を提供し、文学を教訓的に活用しようとした。この面が知識人の反発を招く原因になったように思われる。
いわゆる戦没学生の手記『きけわだつみのこえ』の中に興味深い記述がある。東京帝国大学医学部在学中に、学業を中途で放棄する形となって海軍に志願し軍医となつた大島欣二という人の文章の一節である。ここで引用することは、本人にとって不本意かも知れないが引用する。

　元気な同室の青年士官の中では吉川英治の『宮本武蔵』が一番幅をきかしています。誰かがケチをつけておこられたと聞きました。私はその本を読んだことがありませんが、もちろん宮本武蔵は偉人であっても、吉川英治の小説に感激しなくてはならないものだろうかというわけです。

この文章（手紙）は、航海の途中寄港したある港の本屋で、恩師で科学史家（医学史家）の緒方富雄《おがたとみお》編の『祖国愛と科学愛』という本を見つけて購入したことをきっかけとして、緒方にあてて書かれたものである。
　この本は、フランスの科学史を、パスツールやベルナールを取り上げて紹介したものである。副題は「フランスの科学者達は語る」である。こう書くと何でもない本のようだが、戦争中の一九四二（昭和一七）年に出版されたことを念頭において読むと、たとえばパスツールが研究にいそしんでいたのは、一八七〇～一八七一年の普仏《ふふつ》戦争（この戦争でフランスは敗北する）の前後であったことから、緒方はどうも科学研究を続けることこそが真に国家のためになるということを、この本を訳出することを通じて言いたかったのではないか。前書きで翻訳の理由を、「我が国への貴い示唆」となると書いているからである。つまり研究を放棄して出征したり、科学研究への出費を惜しむことが国のためになるのかという疑問を描き、まだ学徒動員は始まってはいなかったけれども、科学を軽視するような国策に対する批判を含意した本である。したがってこの本を出征した学生が読んでいるということは、反戦を主題とする『きけわだつみのこえ』にとっては重要な意味を有する。

しかし大島は、ここで暗に『祖国愛と科学愛』と『宮本武蔵』を対照させて、『宮本武蔵』が海軍の青年士官に人気があることを指摘すると同時に、たぶん読むことを薦められたことでもあったのだろうか、何で自分はそんなものを読む必要があるのか、と書いている。そして次の文章が続いている。

この若々しい誠実な士官達となじまないわけには行きません。高等学校と正しく対極をなす教育を受けてきた彼等は責任のありかを心得ています。彼等なりに礼儀を知っています。しかし、求めて「下の方に」向って適応したくないと思います。

この「高等学校と正しく対極をなす教育を受けてきた彼等」と「下の方に」という表現が気になるのである。

海軍兵学校と高等学校

ここで言う青年士官とは、海軍兵学校出身者を指していると考えられる。それが「高等学校と正しく対極をなす教育を受けてきた」というのである。海軍兵学校は、相当成績が良くなければ入れなかったから、そこの学生は決して高等学校の学生に知的に劣っていたわけではない。しかし高等学校と海軍兵学校では、教育の雰囲気がまったく異なっていた。

戦前の高等学校は、現在でも老人の中に寮歌やその弊衣破帽《へいいはぼう》をなつかしがる人がいるように、一種独特の世界であった。表面的には蛮カラの世界であったが、内面的には西田幾《き》多郎《たろう》『善の研究』や三木清の哲学書などが必読書であった「大正教養主義」とよばれる独特の学問的雰囲気を有していた社会であった。これは高等教育を受けることができた者が、ひじょうに少なかった時代の、限られた若者の特権であった。

これに対して海軍兵学校（および陸軍士官学校）は、官費で学ぶことができる高等教育機関ではあったが、しかし高等学校や高等専門学校・大学とは異なり軍人を養成することを目的とした学校であった。

そのような軍学校と普通の高等教育機関が置かれていた教育の違いについて、戦前における少数の知識人と多数の大衆という社会状況を重ね合わせて分析したものに、久野収《くのおさむ》・鶴見俊輔『現代日本の思想』という、一九五六（昭和三一）年に出され評判を博した書物がある。そこでは、戦前のエリートの中で軍学校は、高等学校から帝国大学へと続く学校とは違って、国家に従うことを初等教育で学ばせられた大衆の心情に近く、大衆の声を代弁して、日本を軍国主義に導いていったと分析した。つまり国家を運営する官僚を育てることを目的とした帝国大学と、大衆の感覚を代弁する軍学校という対立である。

右のような関係が現在も説得的であるかは別として、この二種の教育機関の間に溝があったことは確かで、帝国大学コースを取った知識人が、それ以外の者を区別して見ていたことは、『宮本武蔵』を感激して読むような「下の方に」適応したくないという言葉から感じ取ることができる。そして、日本の戦前のエリートたちと、それ以外の部分のあいだに存在した埋めがたい裂け目を、『宮本武蔵』という小説への態度から見いだすことができるのである。

戦争協力

出征者へ勇気を与えた本

さて、『宮本武蔵』を好んで読んでいた海軍の青年士官であるが、その中には多くの戦没者があったに違いない。「武蔵を読んで、特攻で突っ込んだ者」もいたと言われるが、なぜ彼らに吉川の『宮本武蔵』がそんなに好んで読まれたのだろうか。

一乗寺《いちじょうじ》下《さが》り松の決戦および巌流島《がんりゅうじま》の決闘に臨む直前のシーンは、象徴的である。武蔵はお通《つう》に対して、前者の場面では「わしの死には意義があるのだ。剣に生きる人間が剣で死ぬのは本望であるばかりでなく、乱脈なさむらひの道の為に、進んで卑怯な敵を迎へて死ぬのだ。その後から、そなたが死ぬ――その気持ちはうれしいが、それが何の役に立たうか」(傍点櫻井)と語りかけ、後者の場面では「武士の女房は、出陣にめゝしうするものでない。笑うて送つてくれい。——これ限りかも知れぬ良人の舟出とすれば、猶更のことぞ」と言わせている。前者のシーン(一九三七年三月)では、お通のことをずっと好いていたことも語っており、後者のシーン(一九三九年六月)ではお通に向かって「武士の女房」と語りかけていることは、武蔵を慕うお通の心情を武蔵が受け容れたことを伝えている点で、お通にとっては、待ちこがれた言葉であった。しかし同時に、それは永遠の別れを意味するかもしれない出陣・船出に際して発せられた言葉であった。

まさしくこれは、恋人を振り切って出征していかねばならなかった日中戦争勃発以後の若者を勇気づけたに相違ない。あるいは青年の決起を促すものとなったに違いない。『宮本武蔵』の中には戦争を支持し煽《あお》る雰囲気があった。

一九四一(昭和一六)年に設立された総力戦研究所では『宮本武蔵』や『新書太閤記《たいこうき》』を読ませてレポートさせ、吉川に届けたという。もっとも猪瀬直樹によれば、総力戦研究所で行った日米開戦のシミュレーションにおける若き学生の結論は、戦争になれば日本は負けるというものであり、その学生は精神主義で戦えると思っていたわけではない。

それはさておき、吉川に対して、「類似インテリ」だという評が戦前から投げかけられていた。この吉川を揶揄《やゆ》した評も、インテリ臭いがインテリではない、だから青年、大衆に受けるのだという見方にもとづいており、さらにこれは純文学と大衆文学の対立、インテリの教養主義と大衆の修養主義という対立図式を前提とする見方であったように思われる。

吉川英治はどう考へても「類似インテリ」といふ感じ……本物の愛国者である。さうでもなければ、例の日本青年文化協会のやうな仕事は、ちよつと恥かしくて気がひけてできない。

国民指導者の側面

ここで言及されている日本青年文化協会というのは、一九三四（昭和九）年に倉田百三《くらたひやくぞう》・白鳥省吾《しろとりせいご》らと、農村青年の精神饑饉《ききん》を「堅実な文学的趣味と娯楽と修養」および「モダンな日本人精神と郷土文化の発揚」によって救おうとして創設したもので、『青年太陽』が機関誌であった。尾崎秀樹《ほつき》によると、『青年太陽』には、時局的色彩の強い、時代を憂え青年の奮起を促すような文章が掲載されているという。

つまり吉川は単に大衆作家であったのではなく、大衆、特に一般青年を覚醒《かくせい》していこうという使命感を有していた作家ということになる。そしてその使命感は、大衆の一人であった吉川を、大衆から国民指導階層の一角に変身させるものであった。評論家の松本健一は、吉川は『宮本武蔵』執筆の過程で、大衆や庶民の側に立っていたスタンスから脱皮したと指摘している。

さらに尾崎秀樹によると、吉川はこのころの社会情勢について関心を抱いていたという。たとえば満州事変について、「黎明《れいめい》は、満蒙《まんもう》の一角より」（一九三二年元旦）と書き、五・一五事件における「テロリストの投げた兇弾《きょうだん》」を、「かくされていた一思想の突如とした表示」、それも「左と右それ以外なもの」の表示とみなし、大衆の「無口な真ん中の思想」に注目すべきだと述べたという。そして自分が大衆とともにいる作家であることを、このころから自覚し「次第に民族主義的な色彩をおびるものとなっていった」と位置づける。つまりこのころが吉川の転換期ということになり、これだと『宮本武蔵』はその転換期の吉川の心境を表現したものということになる。

「類似インテリ」という評には、当時の吉川の微妙な立場、真のインテリではないのだがインテリ臭い側面をもっている、そして真のインテリでないところが青年・大衆に受けるのだという見方であった。その真のインテリではないという意味は、先述した純文学と大衆文学の対立という観点からすると、吉川文学が国民を導こうとするものであっても、その導き方は通俗的なものであったということを意味しよう。

戦争賛美文学

『宮本武蔵』には、随所に時代を憂え、青年の奮起を促すような言葉がちりばめられている。たとえば、次のような表現である。

「若い者は怒らにやいかん。……男児の怒りは、公憤でなければいかん。……それだけの力を、国家のためと迄はいはん、せめて、他人のためにそゝいでみい、」

「時代は若い者の野望を煽《あお》つて『若者よ夢を持て』『若者よ起て』と未完成から完成への過渡期にあつた。」

「剣は理窟ぢやない、人生も論議ぢやない、やる事だ、実践だ。」

「事ある時、国の為、武士道の為、捨てるために、生命《いのち》は惜むのだ。――愛《いと》しんで、きれいに持つて。潔く――」

「一乗寺下り松」のところでは、一人で集団と戦う武蔵に日本の姿を重ね合わせて心躍らせた読者もいたのではなかろうか。そこでは「よく死なう……いかによく死ぬか」とか、「彼は、神を信じてゐる、然《し》かし『さむらひの道』が死である以上、神をも超えた絶対の道だと思ふ」というような、死を高く意義づけるような記述がある。

このような文章は、戦時体制が形作られていく社会状況に適合的であったということができる。吉川自身も、自分の文章がそのような方向に果たした役割について気づいており、それをその時には満足に思っていたようだ。

樋口謹一は、吉川が戦前版『宮本武蔵』の跋《ばつ》（一九三九年八月）に、著作の意図について、次のようなことを記していることに注目している。第一巻序文では、「余りにも末期的な唯物文化に偏重した日常意識へ、本来の祖先精神を輸血してみたい」と記したが、一九三九（昭和一四）年には、その言葉が「無用の物」になったと記しているというのである。すなわちこの三年間に世の中が変化し、吉川の「本懐」が実現し、もうそれを言う必要がなくなったと吉川が認識していたというのである。もっとも、これは吉川自身による自分の文章の正確な引用ではない。吉川は一九三六年四月の時点では、「私たちが過去に持つてゐたところの、強靭《きようじん》なる神経や、夢や、真摯《しんし》な生活ぶりや、さう云つたものを、亡失の中から甦《よみが》へらせてみる」と書いていたのであり、「余りにも末期的な唯物文化」などとは書いていなかったのだが。ともかく吉川が一九三六年と一九三九年で、社会に対するスタンスを変えていたことは確かである。

一度引用したが、「国のために、武士道のために、死を恐れずに進め」（朝日39・6・4）というような表現があったために、『宮本武蔵』は戦争賛美文学だという評もなされた。

一九六〇年の文章の中で杉浦明平《みんぺい》は、「かれは『武蔵』において戦時下の時代的要求に答えた。……剣の道にはげむ武蔵は、当時の軍人の模範とされ、吉川の地位も国民的大作家として一挙に高められた」と言い、それを「つねに現在の権力に密着」していたと総括する。その証拠として、日中戦争勃発後の次のような戦前版『随筆宮本武蔵』の文章をあげている。

当初から私は、尠《すくな》くも小説宮本武蔵に限つては、従来の歪曲された武蔵観を、根底から正さうと意図してかゝつた。又、大それた希望と云はれるかもしれないが、日支事変勃発前に於ては、誰もが、憂ひてゐたものに対して、一片の日本的な自覚を興味のなかに呼び醒《さ》まさうとも図つた。わけて青年層へ、その頃、まつたく世相から沈湎《ちんめん》して、方向を失つてゐた若人たちの根へ、祖先の土の香でも想ひ起すことができればと願つた。

「日本的な自覚」を呼びさますことに作品の意図が変わったと杉浦は指摘し、「自分の小説の意義を一段と国策の線に接近させている」と言うのである。

日本文学報国会理事

吉川は、戦時中の一九四二（昭和一七）年に結成された日本文学報国会の理事を務めた。そして同年行われた翼賛選挙に際しては、翼賛選挙推進懇談会の発起人となり、同年末には文化宣伝のために南方を訪れている。そして『南方紀行』の中に次のような文章を書いている。

昭南港《シンガポール》の一高地に立つたとき、あの広い視野にみなぎり渡る皇威国風を、海上の軍艦旗にも見、造船所の黒煙にもながめ、また殷賑《いんしん》なる復興の音にも聞いて、余り眼のあたりに偉大な事実を描いてゐる世紀に対して、——いつたいこれは、何の力か。誰が成した力か。を天地に問はずにゐられなかつた。ただただ、大御稜威《ごみいつ》である、というふ以外、私には、答へを得られなかつた。（中略）

世界のいづこの歴史に観ても、南方の種族が北方の種族を長く統治したためしはない。けれどもまた余りに寒冷な北土の民もよく南方の民土を解し得るものでなくそれを飽和渾一《こんいつ》して人類の楽土を生む本質の文化性に欠けてゐる。……では、その基本的な文化性と長い教養と歴史の実証とを持つ国家はいづこにありやといへば、……この日本をのぞいては断じてほかにない。日本内地の位置する緯度こそこの四季ある国土こそ、……宇宙そのものがすでに日本へ課してゐた天命であり約束であつた。故に、け

図９　1942年南方視察機中の吉川英治（中央，吉川英治記念館提供）

図10　『南方紀行』

ふの大戦を聖戦とよび、けふの建設を神業《かみわざ》といふ、わたくしたち御民らの声もまた、まさに天の声であり宇宙の息吹と言へるのである。

解釈の仕方によっては、日本の拡大を無条件に支持し、必然と見なしているように読める。ただし本書でも、南方で働く日本人の起居行動や心構え――勤勉とか訓練とかの重要性を説いており、そこでも武士道精神を研《と》ぐ必要が述べられているから、日本人により高い修養の自覚を促しているとも言える。

しかし総体的に判断すれば、吉川も、その『宮本武蔵』も戦時体制に適合的であったのである。

敗戦直後の『宮本武蔵』

戦争責任の追及

さて戦争が日本の敗戦で終わると、吉川の戦争責任という問題が浮上してくることになる。戦時体制下にあって戦争協力を行った人物は、公職追放指定が行われ、公職につくことが禁じられた。吉川は民間人であるから、追放される公職はなかったが、戦時中の行動により公職追放該当者の検討リストに挙げられた。

政府の中央公職適否審査委員会は、一九四七（昭和二二）年一一月から小委員会を設けて、文筆家を対象とする公職追放について審議を始めた。追放の基準は「東亜新秩序に理念的根策を与え、あるいは侵略主義を鼓吹《こすい》したかどうか」であった。三月一五日に三五〇名が仮指定された中に吉川の名前があった。

異議申し立てが認められ、非該当と決定されたが、仮指定とはいえ名前があがったことは、吉川にショックを与え、それが後で論じる『宮本武蔵』の書き換えを促す一因になったと思われる。

高橋磌一の問題提起

一九四九（昭和二四）年、戦後版の『宮本武蔵』が発行され、またもや爆発的な売れ行きを示し、以後もロングセラーとなった。読者は、「ミーチャンハーチャンからおかみさんやおやじさん」だけではなく、「そういう低い層を包むと同時に、もっとひろく、会社員や農村のボス、官僚や重役から大学教授までをもおおっている。つまり教養階層のかなりの部分までが、吉川文学の愛読者に参加している」と、一九六〇年になって杉浦明平《みんぺい》は書いた。

この現象に対して、その後の吉川文学をめぐる議論の中心となる問題提起を行ったのが、歴史学者の高橋磌一《しんいち》であった。一九五〇年に高橋は、「われわれがいま、明かにすべきは、『宮本武蔵』がなぜ、戦前そして戦後も一そうなお、多くのひとびとによまれているか」と、それを明らかにしなければならないと問うたのである。これは、日本の敗戦を境にして「戦争文学であった『宮本武蔵』がこんどは平和文学として通用する」という現象を目撃した体験にもとづく評価であった。

そしてその答えを、『宮本武蔵』に込められている吉川のメッセージが、「剣を通ずる求道の修行」と思うのは読者の思い違いであり、作者が『武蔵』をして言わしめる人間的完成とは、「現実の『秩序』を破らないでの『出世』そのもの」であるとしたのである。すなわち『宮本武蔵』の主題は出世であり、つまり成功物語であると言うのである。そこに大衆が引きつけられたと言うのである。これは『新書太閤記《たいこうき》』の分析によっても補強されている。

さらに吉川の小説には、主人公の「歴史的・社会的環境は描かれるが如くして実は全く描かれていない」、「時空をぬきにした類型的人物」として描かれているため、戦後にかなり訂正がなされたにもかかわらず、吉川は、戦後版序文では「自分は大衆の中に生ききった英雄を描いたのである」と言い切り得たのであり、吉川の世界観を「日本型大衆の圧迫された枠の中のモラルに押しつけ得た」と説明したのである。

すなわち『宮本武蔵』は、立身出世がテーマであるから、世の中に合わせて記述を少し手直しさえすれば、吉川のめざす人物像はいつでも生きつづけることができたのであり、社会背景などは、時代が変わっても適用が可能な程度にしか書かれていないのだということである。ほぼ同様なことを言っているのが、いいだももである。いいだは吉川文学人気の秘密を「体制順応の文学であり大勢順応の文学」と述べている（一九六二年）。

体制と大勢への順応

しかも高橋は、武蔵を導く沢庵の背景に封建領主の威光が描かれていることを重視し、武蔵のめざす出世の意味を、「剣による治民経国」「軍人の政治干与」とし、「全篇中の随所の一章は、新聞連載中から中等学校、青年学校、女学校など数種の教科書に採用された。その他、文部省主催の全国教員講習会の教材にも、宗教武道方面の講演資料などにも屡々《しばしば》引用され」、「作者は戦争の深まるにつれて、武蔵の『求道』を『特攻精神』化すると共に『お通』を通じて軍国女性の生きる道を教え」たと述べて、吉川は軍国主義の「案山子《かかし》となり……軍人政治の露はらい」の役割を果たしたと批判したのである。高橋は、その例として、次のような戦前版と戦後版のトーンの違いを挙げている（一九五一年）。高橋の引用した箇所の前後も掲げておく（〔 〕内）。

〈戦前版〉

生命を愛する

と云ふことは、死にたくないといふ事とはたいへんに意味がちがふ。無為な長生きをするといふ事ではさら〳〵ない。いかにこの捨てたら二度と抱きしめる事のできない生命を意義あらしめるか――価値あらしめるか――捨てるせつなに鏘然《しょうぜん》とこの世に意義ある生命の光芒《こうぼう》を曳くか。

〈戦後版はしがき（一九四九年二月）〉

〔武蔵の剣は、殺《さつ》でなく、人生呪咀《じゆそ》でもない。

　護りであり、愛の剣である。自他の生命のうへに、道徳をたかめ、人間宿命の救《きゆう》脱《だつ》を、晩年には体現しえた、ひとつの哲人型でもある……〕

　かれが、剣から入つて脱却した究極の哲理は、たつた二字の極意につきてゐた。

『無刀』

　つまり刀無しといふことだつた。

〔かれも、戦争を抛棄したのだ。そして晩年には、刀のいらない不壊《ふえ》の体と、生命の平和とを、日々に愛した。〕

　ここで比較されている部分は、同じ部分ではなく都合の良い部分を抜き出して並べただけなので、それを比較することは本当はおかしいのだが、死を惜しむなというメッセージと受け取られかねないものが、平和の象徴としての無刀というメッセージに置き換えられているとして吉川の変節に憤っているのである。状況主義的、つまり迎合的だとする評価でもある（ただし後の一九五七〈昭和三二〉年に高橋は吉川と対面して、吉川に対する態度を変化させたようである。『吉川英治全集』の月報に、歴史小説家が執筆当時の歴史的背景の影響をうけることは「決して不名誉なことでも恥じ入るべきことでもありません。むしろ作家の現代に生きる歴史意識の問題として評価されてよいものでしょう」と、具体的に『新・平家物語』と朝鮮戦争の例を出して語っている）。

戦後知識人の問題意識

さて、敗戦後の日本は、平和国家・文化国家あるいは民主国家をめざすことになった。そして戦前の社会を軍国主義やファシズム体制と見なし、それへの反省が高まった。そしてそれは、なぜ日本が軍国主義やファシズムへの道を歩んでしまったのかという、戦後知識人に独特な問いかけを生んだ。これはまた、なぜ戦前の日本が民主国家になれなかったかを問うものでもあった。その理由を学問界は追究し始めたのである。そして吉川作品が読まれた理由を探すことも、その探究の一部をなしていた。

なぜ軍国主義やファシズムに抵抗できなかったのか、その解答は、近代日本社会発展の歪みや未成熟・いびつさに求められた。何に比較していびつであり歪んでいるかと言えば、そのモデルは西欧近代社会であり、資本主義と民主主義が長時間かけて成熟してできあがってきた西欧社会に対して、近代日本社会は急激に「上からの近代化」政策が取られたため、十分に民主主義・資本主義を発達・開花させることができるだけの社会的基礎ができていなかったと言うのである。具体的には、軍国主義やファシズムに対抗できるブルジョアジー（資本家）や知識人層の厚さがなかったために、軍部の独走を許してしまったのだ。こういう議論の代表が丸山真男《まさお》の政治学、大塚久雄の経済史であったことは、すでに定着している。

竹内好の分析

吉川作品が読まれた理由について、竹内好《よしみ》は一九五四（昭和二九）年に、吉川英治の作品は大衆性があるからだけで読まれたのではなく、芸術性があったから大衆によく読まれているのだということを前提にしたうえで、岩波文化と講談社文化の違いに言及する。岩波文化と講談社文化、すなわち純文学と大衆文学は「表と裏の関係である」と述べ、またそこに「日本文化の二重性格性」が表われているとする。そしてこの二重性格性を生んだものを、「文化を担う人間――社会層のあいだに分裂」があったことに求めている。

ここで言う文化を担う人間の社会層のあいだの分裂とは、「インテリと擬似インテリという類型的なとらえ方」をした丸山真男の日本ファシズム分析に触発されたものであった。日本資本主義の発達が不十分であったために、軍国主義に対抗できるブルジョアジーおよびインテリ層を生み得なかった日本という主張につながっている。その結果、竹内は、「日本のブルジョアジイの相対的な弱さが……一方で吉川英治に代表される大衆文学を栄えさせた」（傍点櫻井）と言えるとして次のように述べている。一九五四年のことである。

> 　広い意味で大衆文学というとき、イデオロギイ的に見ると、そこに二つの系統が区別される。封建的なものと、ブルジョア的なものとである。……純粋の封建的イデオロギイを極限に近く出している典型が、吉川英治であろうと思う。そこにファシズムとの結びつきの根拠がある。……かれの足取りは『宮本武蔵』の成功を頂点として、日本ファシズム運動の発展と平行して作家的に成長している。かれだけは本来にブルジョア的なものを含んでいない。むしろそれを憎んでさえいる。かれのイデオロギイには農本主義的な基調が一貫して強く出ている。しかもそれが借り物でない。……かれは右翼に媚《こ》びたのではなく、右翼がかれに膝を屈したのだ。……かれがどんなに日本人の心情、ことに農民的なそれをつかみ、その内部からそれを高めようと努力しているかがわかるだろう。

　吉川英治は「ファシズムを組織した」作家であり、吉川がファシズムに便乗したわけではない、また「かれの場合は、弱いものを立ち上らせるための決定的な契機を欠いているので、そのため最後には権力に屈服するという予定調和の外に出られないのである」という結論に至ったのである。戦後知識人から吉川は、大衆を戦争に導く役割を担ったものとして批判されたのである。

小林秀雄の見解

もちろん同時代にも、これとは別の評価を下す人もあった。たとえば評論家の小林秀雄である。小林は、一九四九（昭和二四）年に書いた「私の人生観」（のちに同名の単行本として刊行）の中で、宮本武蔵を取り上げている。

小林は武蔵という人を偉いと思うと言い、その理由を、「通念化した教養の助けを借りず、彼が自分の青年期の経験から、直接に、ある極めて普遍的な思想を、独特の工夫によつて得るに至つた事です」と述べる。そして武蔵が「実地経験から得た思想」をまとめたのが『五輪書《ごりんのしょ》』であり、そこでは、技術（小林は「器用」と表現している）は小手先であり、「物の道理は心にある」などという通念の馬鹿馬鹿しさを批判しているとする。武蔵は、兵法を「観念的に極める事は不可能」だと悟り、「実用主義といふものを徹底的に思索した、恐らく日本で最初の人」だと言う。

また小林は同時に、「少くとも、彼の名が、軍国主義や精神主義のうちに語られた時、私は、笑はずにはゐられなかつた」と述べている。これは吉川の作り上げた武蔵像へ異論を呈したものであるばかりでなく、右で述べたような批評、すなわち「日本の敗戦は、封建主義の誤りであつた」で済ませてしまう戦後知識人への批判でもあった。なおここで触れられている技術と精神の問題は、後で別な形で取り上げることにする。

書き換えられた『宮本武蔵』

『宮本武蔵』とその時代

二・二六事件のころ

戦前期における『宮本武蔵』の批判に、社会と個人との関係が描かれていない、個人的修養ではあきたらないというものがあった。いっぽうで戦後、『宮本武蔵』は日本社会を戦争に導いていく役割を果たしたと批判された。ほんとうに吉川は『宮本武蔵』を通じて時代を引っ張って行こうとしたのだろうか。ここでは少し『宮本武蔵』と時代や社会との関係を見てみよう。まず「随筆宮本武蔵」から、次の文章を読んでもらおう。

あの日から閏《うるう》廿九日過ぎまでの東京は、脳膜炎《のうまくえん》的の症状だつた。……かういふ強烈な現実感の中に身をおいて、いつたい、時代小説を書くなどといふ仕事がそもく何事ぞやである。……今日此頃、僕に課せられてゐる仕事は、慶長元和《げんな》の過去に生きてゐた宮本武蔵といふ男の再現である。勿論《もちろん》、それを再現させるに就ては、……史実とか遺墨とかの瓦礫《がれき》や断片をひろひ集めて、丹念なる彼の概念像をまづ作つておいて、それに徐々と近代的呼吸もさせ、現代文化との交渉も持たせ、今日の読者の血液にまで食ひ入らうといふ野心の下にやつて居ることは居るのだけれど、廿六日事件のやうな、余りにも緊迫しきつた国家的動揺の濤《なみ》にぶつけられると、いくら強情な時代小説家と雖《いえど》も、現実の社会音響に消し飛ばされて、作家の胸中幻像である宮本武蔵などは、一堪《ひとたま》りもなく窒息してしまふし、……とやかうと容易に新聞小説の一日四枚も書けないのである。

これは二・二六事件勃発直後に吉川英治が書いたものである。この部分は戦前版・戦後版どちらの本として出版された『随筆宮本武蔵』にも掲載されていない箇所である。吉川の代表作である『宮本武蔵』は、時代の変化を象徴する歴史的事件の中で書かれていた。そしてこれは、吉川が時代の影響をもろに受けていたことを示している。

吉川は、戦後の一九六二（昭和三七）年にも、二・二六事件について次のような言葉を残している（『吉川英治対話集』）。

図11　戦前版『随筆宮本武蔵』

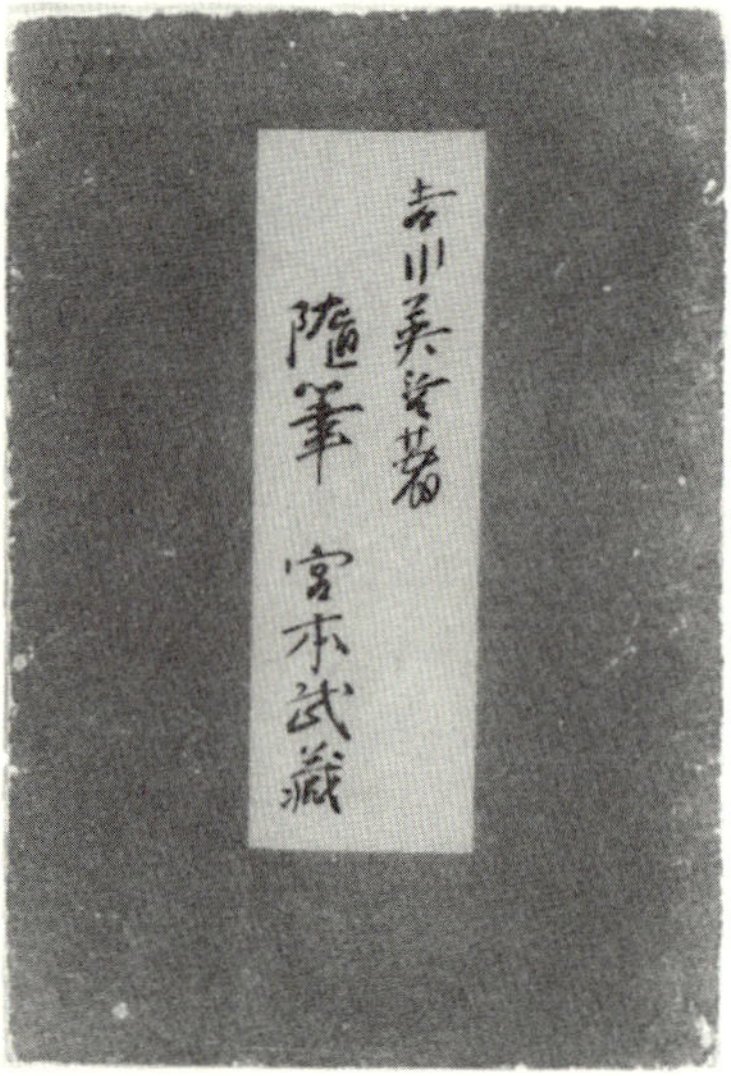

図12　戦後文庫版『宮本武蔵』
（カバー画は佐多芳郎筆）

「あの事件ごろのところの文章をあとで読んでみますと、調子が張り過ぎてるって言いますかな、自分がのちになっての気持で読むといやなんですよね。ですが、その部分だけといってても後からは直せないんですよ。直らないのもそのままでいいかと放ってありますがね。……カン高調子が出て、しぜん異常社会のこうふんやら感傷に研《と》がれますね、文章も、のちになって読みますと、そこのところがどうもいやですね。」
「おれは作家なんだ、どうなろうと、おれはこの一日一回を懸命に書くしかないんだ、それがおれの使命なんだと、言い聞かせ、言い聞かせ書いたのですけれども、……文章でいえば調子がカン走って、いかにも自分の神経がとがっているのですね。」

カン高調子

吉川の述べる「カン高調子」が出てしまっている部分は、どこなのだろうか。一九六三（昭和三八）年、小川徹（映画評論家）は、武蔵を愛する朱実《あけみ》が吉岡清十郎に犯される場面を描いた「わすれ貝」のあたりだと推定し、文章をあたったが、それらしいところは感じられなかったと書いている。

小川の推定は誤っている。二・二六事件のころの吉川は、新聞原稿に追われる毎日であったようだ。引用した文章の別の箇所には、「いつも電話をかけるとすぐオートバイで原稿を取りに来る新聞社の使が、……何《ど》うしても原稿を取りに行かれないと云ふのだ……いつもなら半日遅れてもがみ〴〵急がれる原稿も、結局一晩封筒に入つたまゝ書棚に寝てゐる……漸《ようや》くこれは大変だと思つた」と書かれている。ここから、半日遅れても文句を言われるくらい、締め切りまでに時間的余裕がない中で執筆されていたことがわかる。

新聞連載分が、単行本の第一巻として出版されたのが一九三六年五月一〇日である。これは新聞の二月二八日掲載分までをまとめたものである。ちょうど武蔵が伊賀の柳生《やぎゅう》で、どうにかして柳生石舟斎《せきしゅうさい》に近づき試合をしようと、石舟斎の四高弟と対座していた「円座」の部分までである。二月二九日の「太郎」からは一〇月に刊行される。この「太郎」冒頭部分は、戦後版では次のように大きく訂正されている。ちなみに二・二六事件以前に執筆されたことが確実な「円座」の部分や、「太郎」冒頭以後には、それほど筆は加えられていない。すなわち「カン高調子」が出てしまった箇所とは、この「太郎」冒頭部分であり、吉川の述懐とは異なり、ちゃんと文章は手直しされているのである。

〈新聞連載〉

「失礼ですが、ちよつと中座いたす。――武蔵どの、御ゆるりとあれ」

出淵孫兵衛が出てゆくと、村田与三も立つ、

木村助九郎も外へ出る。

犬の声は、まだ止まない。

人の去つたせゐもあるが、その猛々しい遠吠えがつゞく限り、鬼気陰々として、席は白けきつてゐる。


〈戦後版〉

犬の声は、容易にやまない。凡事《ただごと》とも思えない吠え方なのである。

「何事だろう？　失礼だが、武蔵どの、ちょっと中座して見て参ります。――どうぞごゆるりと」

席を外《はず》して、出淵孫兵衛が出てゆくと、村田与三も、木村助九郎も、

「暫時、ごめんを」

と各々、武蔵へ対して、会釈《えしゃく》を残しながら、出淵につづいて外へ去った。

遠い闇の中に、犬の声は、いよいよ、何か主人へ急を告げるように啼きつづけていた。

三名が去った後の席は、その遠吠えがよけいに凄く澄んで聞え、白けわたった燭の明りに、鬼気がみなぎっていた。

どこがカン高い調子なのか、自分にはよくわからないが、かなり大幅な表現の修正・加

筆である。新聞連載の方が、文章に飾りがなく簡潔で、あるいはそのところが「カン高」いのかもしれない。ただし内容的な修正ではない。吉川英治記念館の城塚朋和氏によれば、戦後に『宮本武蔵』を六興出版社から復刊するにあたって、吉川は、講談社の版権を配慮して第一巻に訂正を少し施したという。

文章の書き換え

しかし、このような表現に関する加筆・修正は、後になるほど少なくなるが、随所に見られる。小説『宮本武蔵』だけでなく、『随筆宮本武蔵』も同様に構成が変更され書き換えられている。先に述べた高橋磌一《しんいち》は、文章の書き換えを論拠の一つとして吉川を時局便乗的だと評した。これに対して吉川は、同じく歴史学者服部《はっとり》之総《しそう》との対談（一九五一年）の中で、それは偶然であり、そういう課題をもっていたら小説は書けない、うまくその時局に合わせることができれば、「小説なんか書かないで、政治家になるよ」と語っている（『吉川英治対話集』）。

しかし、書き換えがあったのも事実である。そしてそれは、単なる表現上の問題にとどまるものではなかった。このような加筆訂正について、最も綿密に検証してみせたのが、桑原武夫『「宮本武蔵」と日本人』である。そこでは、修正箇所のほとんどが表現上の修正であることが指摘されている。しかしそれ以外の修正もあり、そこに吉川の「戦後日本への適応の努力」があったとしている。なお戦後版の「はしがき」（前出、七七ページ）について、吉川は自分でも、「戦争の拋棄《ほうき》をあきらかにし」た日本「国家の反省に伴ふ、個人〔吉川〕の反省」を表明したものと記しており、これは書き換えというよりも、戦争直後執筆をやめていた「三年の苦悶」を経た吉川の「心の解決」を表明したものであった。「はしがき」にある「かれも戦争を拋棄したのだ」というのは、もちろん憲法第九条を指している。

書き換えの内容

さて書き換えについてであるが、それはどういうことかというと、『「宮本武蔵」と日本人』は、高橋の指摘するように、戦後版が、たとえば武蔵を平和の象徴に仕立てあげていること、死のイメージをできるだけ薄くし闘争・戦争イメージを平和というイメージに置き換える方向で補筆改訂がなされていることを確認している。最も大きい修正がある箇所が、一九三六年六月二〇日～二八日に掲載された伊勢神宮の記述のあたりである（③二四～四六）。

それはたとえば次のような箇所である。

〈戦前版〉　此神苑を、何だと心得てゐるんですか天照大神さまの御霊地です。（中略）ですから云ふ迄もなくこゝは、この日の本の民俗のたましひの苑です。

〈戦後版〉このお苑を、何と心得ているんですか。清浄と平和をあらわすためのわたくしたち日本の人々のこころのお苑ですよ。（中略部以下は削除）

桑原らは、そこで「神国＝国体」観と「天皇崇拝」に関するものに関して、大きな書き換えと削除があったことを指摘している。それによって、日本は天皇の治める国体の国というところが、戦後版ではそれが弱まり人民と皇室との一体感を前面に押し出す表現に変えられているというのである。

このような、書き換えもある。

〈戦前版〉〔荒木田〕氏富は、今の社会の誰もすてゝ省みない学問をこゝで幼い者たちに教へてゐた。それは、国体の中央部ほど軽んじられてゐる国体学であつた、つまり国学であつた。

〈戦後版〉氏富は、今の社会ではあまりはやらない学問をここで幼い者たちに教えていた。それは文化のたたかいという都会地ほど軽んじられている古学であった。

ここでは戦前日本の国体が、特に中央部で軽んじていることが、批判されている。

そして戦前版には次のような大幅に削除された箇所が記されていた。

彼〔氏富〕は又よく、歴代の天皇の御詔勅といふものを例に出して、童幼に聞かせた。

（――あなた達は、御詔勅《しょうちょく》といふと、何か、自分たちの生活《くらし》とは縁の遠い政治の事だけと思つてゐるだらうが、それは大きな間違ひである。御詔勅とは、天皇のおことばである。天皇が民へぢかに御つしやつてゐるおことばです、（中略）けれど、何《ど》うしてでせう、そんなに沢山ある高御座《みくら》から民へのおことば〔は〕、われ〳〵民の耳には十分にとゞいて来ない。）

そしてその間に、応仁の乱以後における武士の「私闘」時代に、伊勢神宮の遷宮《せんぐう》費用を出す者がいなかった時に、氏富の先祖である「氏経様は、時の権力と闘ひ、この日の本の国体といふものを説きあるいて、やつと、明応の六年になつて、仮宮の御遷宮をすることができたといふのです。――ずゐぶん日本人にも呆れるぢやありませんか」という記述が挟まっている。ちなみに戦後版では「時の権力や貧苦とたたかい、諸人を説きあるいて」と書き換えられ、「ずゐぶん日本人にも呆れる」のところは、ただ「ずいぶん呆れる」と日本人が削られている。以上のような原文の箇所には、一九三五（昭和一〇）年の国体明徴《こくたいめいちょう》運動の影響が感じられる。

書き換えの趣旨

筆者も戦前の新聞掲載分と戦後版の比較を行ったところ、これらの指摘が的確であることを確認した。修養の目的が、戦前には皇室のために仕えることと読み取れたのが、戦後になるとそのような観点は消滅し（民と皇室は一体）、人格修養が最大の目的となること、つけ加えれば、戦前にはそれを武士道を体現することを通じて行うことであったのが、戦後にはもっと一般的な人間完成へと変わったことである（後述する）。また単なる表現上の訂正は、特に第一巻前半に多いこと、それがあとの巻の方ほど少なくなること、戦前に単行本にした段階でも表現の不足を訂正した箇所が少しあること、および小見出し、巻の区切りがほんの少し異なること、「風の巻」から分かれて「二天の巻」が独立されていること等も挙げられる。

このように書き換えの中心は、死や刀のイメージを薄くすることによって闘争や戦争イメージを弱めること、また剣を死のイメージから無刀による平和のイメージに変えるようなこと、皇室関係・天皇関係への記述を戦前から戦後社会の変化に合わせることなどにあった。しかし、それよりも重要なことは、これはこれまで誰も指摘していないはずなのであるが、その書き換えによって小説の本筋が変化したわけではないのだが、それでもかろうじて存在していた修養と社会との繋《つな》がりを示すものが失われたのではないかということである。それを次節で検討しよう。

宮本武蔵に託された社会変革？

何のための修養か

もともと吉川は『宮本武蔵』の中で、武蔵と時代や社会との関連について、まったく触れていないわけではない。たとえば、信長も秀吉も家康も、「天下で、自分だけが偉い頂上だと考へてゐるところが、偉くない」とか、戦国の乱れた世の中を「戦《いくさ》を自我のためにばかりしてゐた、手のつけられない私闘時代」、「戦によつてぐん〴〵地位を占めてゆく者も多い代りに、芥《あくた》のやうに捨てられてゆく人間の数も実に夥《おびただ》しい。これが次の文化の手かせ足かせとなるのも止むを得ない自然の因果と言へよう」とかの表現が文章中にある（朝日36・6・21、4・8）。

たしかに下諏訪の宿で、伊達《だて》臣下の石母田外記《いしもたげき》から将来の助力を請われた話は、奈良井の大蔵《だいぞう》の徳川政権転覆《てんぷく》計画と並行して登場しており、本小説において時代と武蔵の行動が唯一物語の展開に絡まってきそうなところである。奈良井の大蔵とは、中仙道奈良井の宿の豪商で、世間からは、寺社などに莫大な喜捨《きしゃ》をし、困った人々に援助の手を差し伸べてくれる、信心深く人情味のある奇特な商人と思われていた。しかしそれは仮の姿で、実は盗賊であり、盗んだ資金で徳川政権の打倒を企てている「大義賊」、武蔵とはぐれた城太郎はその手下になり、朱実《あけみ》はその情婦となるという設定がなされている。

それはいったん措《お》くとして、石母田外記が武蔵に「誰の為に、剣を磨かうとなされるか」と問うと、武蔵は「自分の為に」と答える。それに対して外記は「小さな自己の栄達だけでは、ご満足がなるまいが」と更にたたみかけ、徳川家の支配を武家専制だとし、皇室を中心とする政体をめざさねばならないと語りかける（朝日38・2・12〜13）。

北條、足利、織田、豊臣と長いあひだに亙つて、皇室と民とをかけ隔て、まつたく此《この》国の本末を誤まつたやうな観念を民に持たせ——たゞ武家あることだけを民の頭に沁《し》みこませて来た者は、武家政道の専横ではないか。……家康の政策が本位とする所は、飽《あ》くまで徳川家中心で、ふたゝび足利、北條の皇室をよそにし奉るやうな政体へもどるのではなからうかと、世の趨《ゆ》く先が案じられる。

また伊達政宗がいかに日本のことを考えているかを、「朝鮮陣中で、背に日の丸の旗差《はたざし》物《もの》をさして戦はれたのは、政宗公おひとりで御座つた」と解説させている。

この外記との会話から武蔵は、伊達藩士が「武士の本分」である「士道」を磨き合って「自国の富強の根本としてゆかう」と自覚していることに感銘を受けたと書かれる。

しかしここでもっと重要なこととされるのは、自分の剣が「剣術」であってはならず「剣道」という「道でなければならない」ことを武蔵が悟ったと位置づけられていることである。現実社会の変革の方へ進んでいくのかと思うと、そうではない。「上杉謙信や伊達政宗が、将として唱へる士道には、多分に、軍律的な又、総括的なものがある。自分は、それを、もつと深く、もつと高く、侍として、一個の人間として、突き極めてゆかう、完成して行かう。剣を『道』とよぶところまで、この一身に、哲《(ママ)》してみよう」（朝日38・2・15）と、その方向に進まず、剣の道を極めるという自己の精神世界に還って来てしまうのである。社会に対してなんらかの行動を起こすことが奨励されているわけではないのである。

政治への志向

そのいっぽうで吉川は、本書の戦前版を通じて日本が皇室中心の国体であることを語っている。現実の政治過程と重ね合わせてみると、このころ喧《かまびす》しかった「国体明徴《こくたいめいちょう》」運動が批判するような憲法解釈、すなわち天皇機関説的な国体理解を否定する議論に関して、吉川は「国体明徴」に賛成の側に立っていたと思われる。したがって、それまでの政党政治の「腐敗」を批判した五・一五事件や、二・二六事件を起こした皇道派青年将校の心情を理解しているように感じられる。

現にこのあたりの記述は多少ゆれている。たとえば右の話に続いて葛飾法典《かつしかほうてん》ヶ原《がはら》の開墾の話が記されている。そこでは「鋤《すき》を持つ中にも、剣の修行はあるはず」、「よしおれは、剣をもつて、人間完成の道を拓《ひら》いてゆくのみでなく、この道をもつて、治民経国《けいこく》の大本を示してみせよう」と称して、みずから率先して土地を拓き水を治め農民を導く姿が描かれる（朝日38・4・28〜29）。また徳川の兵学師範の二大家、柳生家の兵学を「天下を治むる兵法」と言い、小野家のそれを「これから先、真の平和を築いてゆく兵学」と書き、破壊から建設の時代へと移りつつあった時代に対して、武蔵をして「せめて、二十年も早く生れてゐたら」と言わせ、「野性の人間が用をなす時代はその頃から過ぎてしまつた……次の時代の侍を作り上げねばならぬと思つた」と決心させている（朝日38・6・25、7・27、8・31）。

しかしこのような皇室を中心とする体制の実現や農民の幸福を導いて行く政治家をめざすような方向は、単に細川藩家老長岡佐渡に目を留められるきっかけや、徳川家の兵学師範登用についての話の前提として叙述され、結局実現しなかったことにより途切れてしまう。また奈良井の大蔵による徳川秀忠暗殺計画が、沢庵《たくあん》によって明らかにされるのと、武蔵自身の将軍師範登用（これは武蔵が剣を政治に活《い》かすという方向の頂点になるはず）の中止が並行して書かれることによって、「栄達の門」に入らなかったこと自体が、「栄光の門」に到達するための武蔵の試練という位置づけを与えられているのである（朝日38・12・25）。

栄達より栄光を

そして「剣の心をもつて、政道はならぬものか、剣の悟りを以て、安民の策は立たぬものか」という考えは「夢に近い」、「政治の道は、武のみが本ではない。文武二道の大円明の境にこそ、無欠の政治があり、世を活かす大道の剣の極致があつた」として、山に籠《こ》もってしまうのである（朝日38・12・27）。すなわちここで吉川は、武蔵をして政治家たらんとする夢を乗り越えさせてしまっていると言うことができよう。吉川自身が関わった日本青年文化協会も、精神修養や文化発揚をめざしたものであり、『青年太陽』も直接的に体制変革を訴えるものではなかった。

つまり武蔵の仕官を通じての社会変革という側面は、結局は否定されてしまったわけだ。

ところで、このあたりの記述も、戦後版ではかなり加筆・修正がなされている。たとえば北條云々の部分は、以下のように（⑤二二〇）。

武士政権批判

北條、足利、織田、豊臣——と長いあいだにわたって、いつも虐《しいた》げられてきたものは、民と皇室である。皇室は利用され、民は値《あたい》なき労力のみにこき使われ——両者のあいだにただ武家の繁栄だけを考えて来たのが、頼朝以後の武家政道——それを倣《なら》った、今日の幕府制度ではあるまいか。……家康の政策が本意とする所は、飽くまで徳川家中心で、ふたたび庶民の幸福も皇室も犠牲にして、幕府ばかりが肥え太ってゆく専横時代がやって来るのではなかろうかと、世の趨《ゆ》く先が案じられる。

修正前後とも武士政権（特に徳川政権）を批判した部分なのだが、戦前版では皇室をないがしろにしたことに批判の中心が置かれていたのが、戦後版になると、それが庶民と皇室（皇室と庶民という順番ではないことに注目されたい）が並記され、その両者にとって幕府が専横を働いていると非難されているのである。

さらに上杉謙信云々の部分も、書き換えられている（⑤二二六）。「謙信や政宗が唱えた士道には、多分に、軍律的なものがある、自分は、それを、人間的な内容に、深く、高く、突き極めてゆこう。小さな一個の人間というものがどうすれば、その生命を託す自然と融合調和して、天地の宇宙大と共に呼吸し、安心と立命の境地へ達し得るか、得ないか。行ける所まで行ってみよう」と、個人として士道を剣道にまで高めるという記述が、自然との融合調和とか、宇宙とともに呼吸してとか、はるかに広く一般的な、したがってあいまいな、人間的成長と受け取られる記述に変えられているのである。

武士道

さらに述べて置かねばならないのは武士道の問題である。戦前版で強調されている武士道について、戦前の吉川の考えを示しておく必要があろう。

吉川は、「君国のために死ぬといふ訓錬を、平和な日常にも、極めて清楚に、静かに、起るから寝るまで、心にとめてゐるのが武士道の生活である」と書いている（「武士道の心とすがた」『青年太陽』三―五）。また吉川は宮本武蔵を求道・修養を通じて武士道を復興しようとした人物だとしていた。修養は武士道につながっていたのである。その武士道とは何か、ここに宮本武蔵と社会との関係を考える一つのヒントが含まれている。

吉川は、次のように記している（『随筆宮本武蔵』）。

剣をとほして、彼は菩提《ぼだい》を見、人間といふ煩悩《ぼんのう》のかたまりが、どこまで澄みきつたものにまで行けるか、死ぬまで研《と》ぎぬいてみた人だ。乱麻殺伐《らんまさつばつ》な時風に、人間を斬る具とのみされてゐた剣を、同時に、仏光ともなし、神体ともなし、日本的な愛のつるぎとも為し上げた人だ。

剣を、剣道とまで、精神的に引上げたのも彼である。みだれかけた武士道は、まちがひなくそこから踏み直したといつてゐゝ。

この部分は戦後版とはだいぶ違う。戦後版は次のように直されている。

剣をとおして、彼は人間の凡愚と菩提を見、人間という煩悩のかたまりが、その生きるための闘争本能を、どう処理してゆけるものか、死ぬまで苦労してみた人だ。……人間を斬る具とのみされていた剣を、同時に、仏光ともなし、愛のつるぎともして、人生の修羅なるものを、人間苦の一つの好争性を、しみじみ哲学してみた人である。

剣を神体とするという語句と、「日本的な愛のつるぎ」が単に「愛のつるぎ」と変わっていること、および剣道・武士道についての記述が削除されていることに気づくだろう。このように、戦前には武士道・剣道を高めた役割を武蔵が担ったと意義づけられていた。それが戦後には消滅し、剣を通じて人間的完成をめざした人物だと強調されている。そこに大きな差を見ることができる。たぶん吉川は、両者を同一と考えていただろうが、読み手にとっては、人間的完成と武士道を体現した人では、かなり違う。また戦前の文章は、武蔵が生きていた時代を「乱麻殺伐な時風」と記し、武蔵を「みだれかけた」武士道を踏み直す役割を担ったというように、時代の中での役割を強調している。この違いは、やはり無視できないように思われる。

皇室と宮本武蔵

また吉川は、伊織《いおり》の口を借りて、武士の道について南朝の宗良親王《むねよししんのう》の歌をあげて次のように説明させている。「君のため、世のため、なにか惜しからむ、すてゝかひある、いのちなりせば……このお歌がわからなかつたら、武士でも日本人でもないでしよ」（朝日38・10・7）と。また別のところでは、戦国時代から徳川家康の時代にかけて「まことの主上の在《お》はすをすら、いつか思はぬやうになり、民の帰一といふものが、総じて、はぐれてゐるやうな。……すべてが武家の覇権のためにあつて、天皇の大みたからである臣民の本分を、見失つて来てゐるやうな。……大楠公の奉じた武士の道――抱いたであらう理想とは、まだ〳〵遠い世の中なのだ」（ここは戦後版では訂正されていない）（朝日39・2・10）と。

すなわち剣の修行によって武士道を究めることは、単に自己の精神的な成長ではなく、それは天皇への奉仕、またそれを通じて社会に繫がっていたのである。したがって朝廷を支配した徳川政権の「栄達の門」に入ることも否定されて当然なのである。

これは、もともと『宮本武蔵』という作品が、日露戦後の修養主義の流れから生まれたことからすると、きわめて当然なことであった。武士道（あるいは大和魂）を構成する要素には、たとえば義・勇・仁・礼・誠・名誉・忠義・克己・切腹あるいは仇討《あだうち》などが含まれる。これは新渡戸稲造《にとべいなぞう》の著した『武士道』の各章の題から拾ったものである。このうち忠義は、天皇または国家につながっていた。

ただし吉川の作品でも同じように剣を扱った、たとえば『剣難女難《けんなんじょなん》』（一九二五年）は春日新九郎を主人公とする仇討と修養を中心とする物語だが、「国家のため」とか「公のため」などの語句は出てこない。「武士道」という語句はたまに見られ、仇討こそが武士道の現われであったが、そしてそれを成し遂げることが君臣の忠義にもつながっていたが、それが強調され社会や体制につながっていたわけではなかった。したがって『宮本武蔵』（一九三五年）に、それらの語句が散りばめられているところには、この一〇年の時勢の移り変わりと、それが吉川に与えた影響を感じることができよう。

断たれた社会との回路

ところがまた戦後になって武士道や皇室奉仕という記述が弱められることによって、この小説は人格修養が最大要素となり、誰のためにかと言うと、やはり自己のために、あるいはもう少し広く言ったとしても、自分の身の回りの狭い社会との折り合いをつけるためと言うことになり、戦前版よりいっそう社会全体との関係が不明確になってしまったと思われるのである。

したがって一九七二（昭和四七）年に佐藤忠男が、「一人の侍の武術修業のためには、たくさんの人間が片っ端から殺されてもそれは当り前だ、という思想が、この小説ではどこでも批判されたり、検討されたりはしていないのである。……自己完成のための殺人とはなにか。殺人の繰返しによって完成されてゆく人間性とはなにか。……武蔵は、他人のために役に立つ仕事をしたことがいちどもない。……武蔵が営々と人を殺しながら築きあげた美徳とは、誰のためにも殆んど役に立たず、ただひたすらなる自己満足のためでしかない。ヘンな美徳だ」という疑問を提出するのは、もっともなことである。この疑問は、殺人と修養との矛盾、同時に修養と社会とが結びつきにくい、自己満足に陥りやすい欠点をついたものである。もっともなことであるのだが、戦前版においては、修養は武士道という回路を通じて天皇制国家と結びついていたのだと回答することが可能だろう。これは、たぶん佐藤が理想とした結びつきではなかったろうが……。それはともかく戦後版では、その回路が断たれてしまったために、よりわかりにくくなったのではあるまいか。

なお修行のための殺人ということについては、それを愛情を込めて言うと久保三千雄の「実は自我の確認に狂騒していた姿と見届けるべき」だという評価につながる。

「精神の剣」の意味するもの

吉川が武蔵に託したものは、社会変革ではなかった。「剣による治国」ではなく、「人間的完成」に向かって努力することであった。しかしそのような武士道を極めることは、どこかで天皇や国家につながっていた。そして修行の結果得られるもの、「精神の剣」という言葉で示される具体的なものも、その流れで理解される場合もあった。それはたとえば特攻隊員が、国家のため私を捨てて行く姿と重ねあわされ、したがって『宮本武蔵』は戦争を煽《あお》ったものという批判を生み出すことになった。

ここでもう一度「精神の剣」について述べてみたい。その言葉は精神修養の重要性ということを伝えようとしただけのものだったのだろうか、ということについてである。修養の結果は何か。それについては、『宮本武蔵』に含まれる第三の要素、つまり「あわれみ」（無常感）について述べなければならない。そしてここに禅における無の思想の影響を指摘することができる。これがあったために『宮本武蔵』は、平和の象徴として戦後社会への転換が容易にできたと思われるからである。

「無　刀」

物語の前半から、武蔵の修行には、荒々しさを取り去っていくことが人間的成長の姿として設定されている。殺気を矯《た》めることが、心に余裕を持たせることが、逆に強くなることだと語られる。『宮本武蔵』の後半では、佐藤忠男が批判したのとは違って、最後の小次郎との対戦を除いては、人を斬る武蔵の姿はほとんど出てこない。むしろ光悦《こうえつ》門下の刀研師《かたなとぎし》である厨子野《ずしの》耕介に、武蔵は、「益なき殺生をたゞ誇る素牢人《すろうにん》」と言われ、「日本の刀は、人を斬り、人を害すために鍛《きた》へられてあるのではない。大君の御代を鎮《しず》め、世を護《まも》るためのものであり、「人の道を研《みが》ぎ、人の上に立つ者が、自ら誡《いまし》め、自ら持するため」のものだと言わせている（朝日38・6・9）。このところは、戦前版と戦後版で書き換えられていない。

宮本武蔵が柳生石舟斎を理想として、修行を行ったことが全篇から読み取れる。戦前期に書かれた他の文章中でも、柳生石舟斎の極意書の奥書に「無刀」としか書かれていないことに触れたうえで、「剣、剣、剣、剣――で生涯鍛錬《たんれん》工夫をつみかさねて来た人が最後に究極の真理として云つたことばは、無刀で尽てゐたのであつた」と書いていた（『草思堂雑稿』一九四一年)。すなわち平和というイメージは示していないものの、「精神の剣」に至る一段階に、斬るための道具としての剣の放棄を措定《そてい》していたことは確かである。

このような考え方は、戦前において特に珍しいというわけではなかった。たとえば新渡戸稲造は『武士道』の中で、武士の刀は「忠義と名誉の象徴」と位置づけ、武士が実際に刀を揮《ふる》うことは稀であり、「武士道の窮極の理想は結局平和であった」と一八九九(明治三二)年にすでに書いていた。

この点から言うと、本編最後の佐々木小次郎との対決で武蔵は戦ってはならなかったわけだ。このような矛盾がなぜ生じたかというと、それは巌流島での勝利で物語を終わらせるのが講談本以来の形式であり、それを踏襲したことによろう。彼ができたことは、武蔵に剣ではなく、船の櫂《かい》で作った木刀を持たせることくらいであったのかもしれない。

日本文化論としての『宮本武蔵』

日本文化の型

『「宮本武蔵」と日本人』

『宮本武蔵』が戦後も読み続けられた理由を、時代状況との関係で説明しようとした試みは、吉川の作品の中にいかに大衆動員イデオロギーが含まれているかを検証するものであった。これに対して桑原武夫の『「宮本武蔵」と日本人』は、その理由を「体制と大勢への順応」というようなものに求めるのではなく、日本人大衆が作品のどこに共感しているかをインタビューやアンケート調査によって確かめようとしたものである。

桑原は、戦前に特有な思想に関係する文章の修正・削除は、吉川の戦後社会への適応のための努力であったとする。しかしその努力の結果作品が読まれているのではなく、もともと作品には日本人を引きつけるなんらかの特有の価値観が含まれており、好まれるとするのである。それが何かを、桑原らは「日本文化とはなにかを考えるばあいの新しい通路の一つ」として、つまり「日本文化論」として分析したのである。

そして『「宮本武蔵」と日本人』は、『宮本武蔵』の中には日本人大衆が重んじる徳目が示されており、大衆もそれに共感したから読まれたと結論づけている。つまり日本人の平均的な姿を、大衆文学の代表作である『宮本武蔵』から抽出して見せたのである。

ここで少し桑原らの研究を追ってみよう。

観念共感と人物共感

桑原は、一九五〇（昭和二五）年ころに、三人の人に『宮本武蔵』の第一巻だけを読んでもらって、精密な聞き取りを行った。その三人とは、二六歳の女性（芸者）、三六歳の男性（印刷工）、五一歳の男性（酒屋の主人）であった。彼らは「楽しむ」と同時に「生き方」を考え教えられる「タメになる本」として『宮本武蔵』を読んでいた。そして彼らが感動しているところに注目してみると、登場人物に共感している場合と、小説に著述されている概念に共感している場合があった。それを人物共感と観念共感と名づけた。

人物共感については、『宮本武蔵』には、いくつかの型をもってさまざまな人物が登場

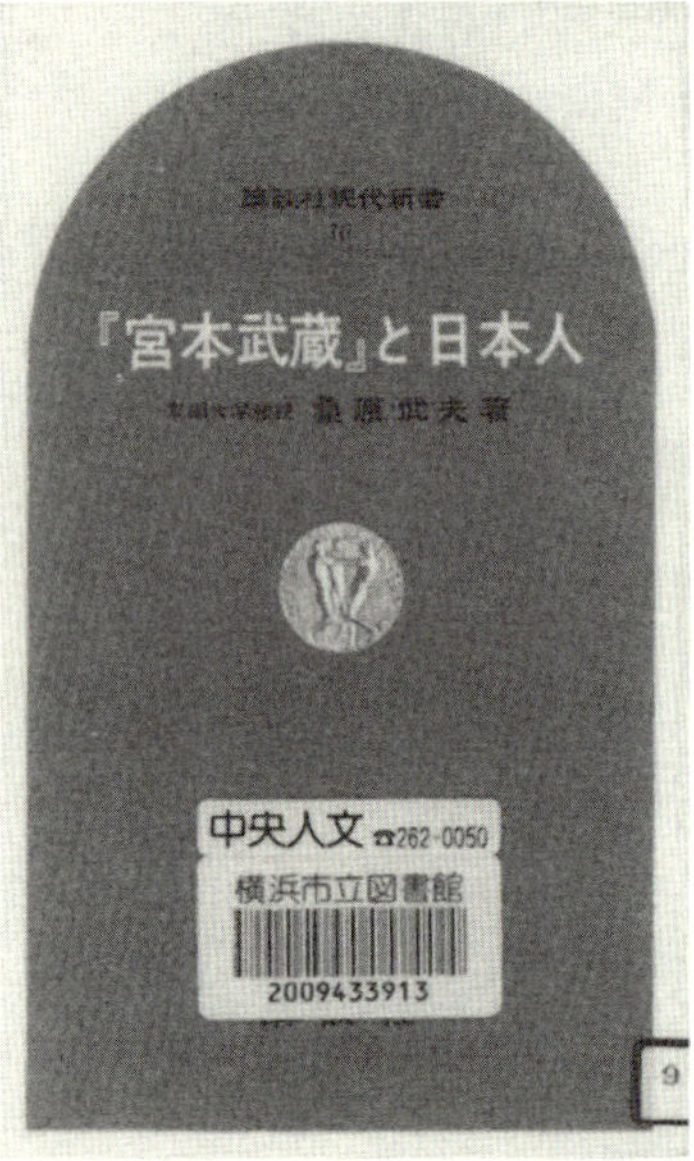

図13『「宮本武蔵」と日本人』

する。その作中人物の多様性により、読者は誰かに必ず共感するようになっていると言う。

観念共感とは、修養とか、芸道の重要性とか、道・悟り・無というような概念への共感である。そのような観念は多くの日本人が共有しているものであり、そういう観念が豊富に『宮本武蔵』という大衆小説には含まれているとする（これを逆に言うと純文学は、大衆が共有するものを必ずしもふまえていないと言うことになる）。

桑原の共同研究者である梅棹忠夫《うめさおただお》が主催したいづみ会という読書感想会で、ある主婦は、次のような発言をしている（一九五四年）。

わたしがひきつけられたのは、武蔵の追求心ですね。私たちの毎日毎日の生活に武蔵の修業と同じようなものがあると思いますね。……人間として一歩でも自分の目ざしているものに近づいて行こうと、どんな苦労にも耐えてゆく。その気持はどんな生活にも必要だと思うの。……やり方はいろいろあってもね。

桑原の共同研究者の一人である樋口謹一も、吉川文学が国民文学となった理由について、「ぼくは吉川英治みたいなこんな律義者というのは、どんな体制、どんな時代になろうとよく働く、それが日本の成長をささえているという感じがあるのです。……律義者はよく働く、そういう人だから『宮本武蔵』が好きなのだと思いますね」と語っている。『「宮本武蔵」と日本人』の結論は、修養という日本人に伝統的な倫理観に大衆が共感しているということになる。

木々《きぎ》高太郎《たかたろう》（作家・医学者）の「この著者が少しも偏つてゐない、中道そのもの、（ママ）を歩んでゐる、公正な道徳を把持してゐることが判る。そしてそれは日本の国民道徳のうち、一番おだやかな、常識的な、もうそれは道徳などといふ言葉の冠せられない、一種の感情、国民感情と言つて了《しま》つてもよいものが、貫ぬいてゐることである」（一九五四年）というような評価（これは直接的には『新・平家物語』への評言である）も、ほぼ同様なことを言っているのであろう。

日本人の武蔵度調査

桑原らは三人の男女への聞き取りを通じて、特に観念共感として大衆が共有していると思われるいくつかの概念を抽出した。そしてそれを質問文として作成して、今度は多人数へのアンケート調査を試みた。一九五七（昭和三二）年、つまり今から四六年前のことである。

そのアンケートは、次のような文章で始まっている。

左に並べた文章は吉川英治さんの小説『宮本武蔵』の中から、武蔵の考え方や態度をもとにしてつくったものです。

これらの文章は、人によっては正しいとも思われるでしょうし、まちがいとも見えるでしょうが、道徳的な判断は別として、わたしたちはみなさんの好みが知りたいだけです。

ご自身のまったく自由なすき・きらいによって○印をつけて下さい。

たとえば、「あわれみ」や「優しさ」の重要性ということが『宮本武蔵』から読み取れ、読者がその観念に共感しているようであった。そこで、次のような質問文が作成されたのである。

1　強いばかりが人間ではない。あわれみの情に欠けるのは人ではない。
こういう考え方は　すき　きらい　どちらでもない

答える側は、「すき」「きらい」「どちらでもない」のいずれかを○で囲むことを求められる。同様にして以下の2から10までの質問文が続く。

2　こいつと見込んだらけっしてのがさない——徹底的にやるまでやる。
こういう態度は　すき　きらい　どちらでもない

3　生きていること、それはすでに世間の恩である。
こういう考え方は　すき　きらい　どちらでもない

4　神仏はうやまっても、たよるものではない。自分の力で生きるしかない。
こういう態度は　すき　きらい　どちらでもない

5　人の世の無常に心をうたれ、もののあわれに涙する。
こういう感じ方は　すき　きらい　どちらでもない

6 義理を重んじ、人の和を大切にし、世々の道にたがわないこと。
こういう考え方は　すき　きらい　どちらでもない

7 すすんで苦しいことに取り組んで、これを克服しなければ一人前の人間にはなれない。
こういう考え方は　すき　きらい　どちらでもない

8 骨肉の愛は人間自然の情であって、世の中のすべての人々に通ずる大きな愛情である。
こういう考え方は　すき　きらい　どちらでもない

9 人間の最高の境地は無の境地である。
こういう考え方は　すき　きらい　どちらでもない。

10 芸や剣は、ただ小手先《こてさき》のわざではない。これを通じて精神をみがくのだ。
こういう考え方は　すき　きらい　どちらでもない

この一〇の質問は、一〇の徳目に対する肯定度を尋ねたものになっている。このアンケートを、「農村」・「漁村」・「都会」に三分類した地域において実施した。回答者は、農村の男性四四人・女性四四人（合計八八人）、漁村の男性六四人・女性五一人（合計一一五人）、都会の男性四〇人・女性二八人（合計六八人）、合計で男性一四八人・女性一二三人で総計二七一人であった。

五〇年前の日本人

その結果を示したのが次ページの表1である。桑原の作成した表に、質問でどのような徳目を尋ねたのかと、「すき」のパーセントから「きらい」のパーセントの差を計算して加筆したものである。

まず全体について計算した欄を見てもらいたい。ここでは地域や性別を問わず、「すき」が六三％、「きらい」が一四％である。ここから桑原らは、質問全体に対して回答者がかなり肯定しているとする。そしてもともと質問は、『宮本武蔵』に含まれている観念共感から作り出されているから、この結果は、『宮本武蔵』に対する大衆の支持（共感）の高さを示しているということになる。つまり好んで読まれる理由もわかるというのである。

次に地域的・性別の違いがどのような差を生み出しているかについて検討する。一〇の質問に対する「すき」を平均した値が、農村男性・農村女性・漁村男性・漁村女性・都会男性・都会女性の順になる。すなわち『宮本武蔵』に含まれている徳目について、農村男性が最も好み、都会女性の支持は比較的に低いということがわかる。

5	6	7	8	9	10	
無常感	義理人情・恥	修養克己心	骨肉愛人間愛	無の哲学	精神修養	平均
66	89	93	93	54	93	78
11	9	5	2	11	2	10
23	2	2	5	34	5	12
55	80	88	91	43	91	68
66	75	77	82	36	86	70
11	14	5	0	9	5	9
23	11	18	18	54	9	21
55	61	72	82	27	81	61
61	72	75	73	41	86	67
11	5	9	3	13	0	9
28	24	16	24	47	14	25
50	67	66	70	28	86	58
69	73	55	61	41	86	63
14	16	16	2	14	6	13
18	12	30	37	45	8	24
55	57	39	59	27	80	50
35	35	60	58	35	75	52
25	28	20	10	23	8	20
40	38	20	33	43	18	29
10	7	40	48	12	67	32
32	18	43	50	22	82	46
22	29	11	7	36	7	22
46	54	46	43	43	11	33
10	−11	32	43	−14	75	24
57	64	69	70	39	85	63
15	15	11	4	16	4	14
28	21	20	26	45	11	24
42	49	58	66	23	81	24

表1　日本人の武蔵度調査（1957年）

			1	2	3	4
			哀れみ優しさ	自我意識	共同体意識	自力主義
農村	男性	好き	77	63	75	77
		きらい	16	23	14	7
		どちらでもない	7	14	11	16
		差A	61	40	61	70
	女性	好き	80	63	68	68
		きらい	2	16	7	18
		どちらでもない	18	21	25	14
		差B	78	47	61	50
漁村	男性	好き	62	67	59	70
		きらい	9	16	9	11
		どちらでもない	58	17	31	19
		差C	53	51	50	59
	女性	好き	75	55	53	63
		きらい	8	20	22	16
		どちらでもない	18	26	26	22
		差D	67	35	31	47
都会	男性	好き	63	68	8	82
		きらい	10	18	55	5
		どちらでもない	28	15	38	13
		差E	53	50	−47	77
	女性	好き	57	68	7	79
		きらい	7	11	82	4
		どちらでもない	36	22	11	18
		差F	50	57	−75	75
平均		好き	69	64	49	72
		きらい	9	17	26	11
		どちらでもない	22	19	25	17
		差G	60	47	23	61

桑原武夫『「宮本武蔵」と日本人』104頁掲載の表を一部改変。数字は％

さて個別的には、一番目の質問を例に述べると、「哀れみ」や「優しさ」という概念＝徳目を「すき」と答えた人が、農村の男性が七七％・女性が八〇％、漁村では男性が六二％・女性が七五％、都会では男性六三％・女性五七％となる。それぞれの「きらい」との差をとると、農村男性が六一％・女性が七八％になる。このような結果から、農村・漁村で男性よりも女性の方が支持が高いことがわかる（これは地域別・性別ごとの一〇問を平均しての「すき」の平均値と比較してもわかる）。

同様にして残りの九の質問に対する回答結果を、かいつまんで言うと以下のようになる。二番目が修養という概念のうち自我意識の強さを尋ねたもので、都会での肯定率が農村や漁村に対して、その他の項目と比較して高いということを示している。三番目は共同体意識を尋ねたもので、都会での猛反発が見て取れる。「すき」から「きらい」を引いた値がマイナスになっているのは四ヵ所しかないが、ここでは大幅なマイナスを示している。ところが農村では支持が高い（他の質問に対する支持よりは低いが）。四番目は修養と信仰との関係を尋ねたもので、自力主義という概念に対する支持を尋ねたものである。この項目は都会での支持がひじょうに高いのに対して、農村の支持は高いとは言えない項目である。また農村の男女差が大きい。ここから桑原らは、自立して生きることを許されていない農村女性の姿が読みとれると解釈する。

五番目は無常感について、六番目は義理・人情や恥について尋ねたもので、ともに都会での反発が強い。特に六番目の質問について、農村男性の支持は高く、これは農村における共同体組織の強固さと関係するものであろうとする。

七番目の質問は、修養のうち克己主義（苦労をよしとするような考え方）について尋ねたもので、どの地域でもけっこう支持されている。ただしこれについては男女差がかなり大きく、いずれの地域においても男性が支持している。八番目は、骨肉愛（家族愛）について尋ねたもので、農村・漁村での支持が高い。

九番目が「無の哲学」への支持を問うたもので、全体的に最も肯定率の低い項目であった。「どちらでもない」という中立の態度が多い。これはそもそも「無の哲学」とは何かについて、理解が難しいというところに原因するのではないか。これに対して一〇番目の質問は精神修養の必要性について尋ねたもので、全体的に「すき」が最も高く、「きらい」もひじょうに少なく、全質問のうちで最も支持された項目である。都会でも強く支持されている。

以上のような『宮本武蔵』という作品から抽出される諸徳目への共感度調査からは、当時の農村男性が有していたと思われる家族主義・共同体主義・克己的努力重視などが「武蔵イデオロギー」として措定《そてい》できることがわかった。つまり「武蔵イデオロギー」は、農村男性型ということになる。そしてこのイデオロギーは、最も都会の女性意識からは隔たっている。桑原らの本では、都会の女性を「家庭とのつながりの薄い」、「自我（自己）意識の強い」ものとして描いている。

ただし全体としては、地域や性別に関係なく修養という観念に共感していることから、『宮本武蔵』の主題である精神修養の必要性については農村・都会の別なく、また男女の別なく支持されていることが確認できたとしているのである。

このような桑原らの分析意識の裏側には、現在から考えると、農村男性には日本の古い封建的な意識が強く、都会の女性には新しい意識がある、そして近代化の進展とともに人々の意識は都会化する運命にあり、それとともに「武蔵イデオロギー」は衰退へ向かい、したがって『宮本武蔵』も読まれなくなるという、ある種の近代化論的視角があったように思われる。

近代化論的視角

そして桑原らが予想したように、さしもの人気を誇っていた『宮本武蔵』も、しだいに読まれなくなっていったのである（特に若者には）。

司馬遼太郎と『宮本武蔵』

吉川に代わって、歴史小説家と言えば司馬遼太郎《しばりょうたろう》ということになっていった。そしてそこには社会の変化があったように思われる。

吉川と司馬の違い

司馬の描く歴史小説の主人公は、たとえば『竜馬がゆく』の坂本竜馬、『花神《かしん》』の大村《おおむら》益次郎《ますじろう》、『峠』の河井継之助《かわいつぐのすけ》のような社会を切り開いていく人物である。司馬は、これまで歴史の舞台では脇役の位置に押し込まれていた人物を取り上げ、彼らが、いかにして時代を回転させていったのかを、司馬一流の筆致でみずみずしく描く。そしてその主人公は、しばしば生まれながらの天才である。『坂の上の雲』や『翔《と》ぶが如《ごと》く』は、主人公を一人と特定することはできないけれど、そこに出てくる群雄たちは、誰もが魅力的であり、彼らは立場は異なることはあっても、それぞれ大志を抱いて、新しい時代を準備し、新しい「国家」や「社会」を作りあげたことになっている（このような史観がまた、司馬が批判される中心点でもある）。

しかし、時代を切り開いていく人間を描くのが得意な司馬は、人間の成長、特に精神的な成長を書くのは不得手である。というよりも、「精神主義」を司馬はひどく嫌っていた。

これに対して、吉川の書く武蔵は、最初から天才なのではない。天性の素質を持っていたとしても、それを磨き高めていったことが重要なのである。『新・平家物語』は、時代が主人公ということであるが、時代は所与のものであり、所与の歴史の中での登場人物の姿に焦点があてられ、たとえば平清盛《たいらのきよもり》の再評価がなされたのである。そして結局、無常の世の中を人間が作り変えていくことはできないのである。

武蔵にも、社会的地位の獲得とか、軍学者として天下を治めてみたいとかいうような目標があったことを、吉川は見逃してはいない。そこに着目して読めば、小川徹が書くように、「政治家たらんとする彼〔武蔵〕の希望は、……日支事変の『破壊より建設』といわれはじめた時期の常識を反映しているようである」とか、「宮本武蔵の決意は、仕官の失敗にあるのでなくて城太郎の『維新革命』への参加」にあった、などと言えないこともない。しかし、それは放棄される（あるいは乗り越えさせられている）ことはすでに指摘した。

時代の違い

吉川が武蔵を描いた時代は、まだ大正時代における教養主義と修養主義の名残りがあり、人格を高めることは両主義に共通する価値であった。この内向的態度は、戦時体制に向けて日本が国際社会から孤立していく状況下にあっては、かえって受けた。一匹狼として生きていかざるを得なかった日本に適合的であった。いっぽう戦後の壊滅状態から日本が経済的復興をめざして進んで行く過程においては、日本人全員が熱心に向上を求めて行くことが求められ、このような状況下においても、勤勉を象徴するものとして武蔵型人間像は共感を得たと言えよう。

しかし、高度成長期の途中から経済発展や進歩への懐疑が生まれ、それにともなって何をなすべきかが問われ、リーダーシップが求められる時代になった。何を課題にし、いかに組織を動かすか、そして時代をいかに回転させるかということが求められるようになった。その中で司馬の描く歴史小説の主人公が、理想的リーダー像として共感を呼んだのである。

司馬の『宮本武蔵』

ところで司馬も、宮本武蔵を二度書いている。『真説宮本武蔵』と『日本剣客伝』に収められている『宮本武蔵』である（書かれたのはそれぞれ一九六二年・一九六八年）。両書の武蔵像はほぼ同じである。これらは、吉川の作りあげた武蔵像を意識し過ぎたせいもあり、司馬のものとしては魅力の乏しいものになってしまっている。

たとえば司馬作品では、主人公の背景にある郷土に関するさまざまな事柄、主人公と関係する人物のもろもろが、わかる限り書き込まれていく。そしてそこから人物像を浮かびあがらせるという手法が用いられる。しかしこの作品に限って言えば、その手法は成功していない。史実を忠実に書き過ぎていて魅力に乏しく、それによって生き生きとした武蔵像は見えてこない。

また司馬は、「歴史家」の観点から、吉川の武蔵像について、いかに実態とかけ離れたものであるかを説明している（司馬の小説にも架空の人物が登場したり、史実としてあり得ないことが書かれていることもあるのだが）。たとえば、吉川の描いた佐々木小次郎の元服前の前髪立ちの姿について、「いかにも同氏の天才的創造といっていい」と述べ、ありえないことだとして批判している。特に沢庵との関係について、野の一介の兵法者である武蔵とは接触がなかったことを強調している。吉川も、沢庵と武蔵の関係は文献には見当たらないと言っており、創造であることを認めている。しかし沢庵と武蔵の関係は、吉川にあ

って は重要な意味を持ち、これ無しには武蔵の禅的な修行は成立しなかった。だから「彼が熾《さかん》な修養時代に於て、誰か、その方面の啓示を彼に致した禅門の人物があるにちがひない」と書かねばならなかったのである（『随筆宮本武蔵』）。

司馬は、吉川英治の一九六三（昭和三八）年の追悼文の中で、『宮本武蔵』について、「いかにも日本的な求道的な人間の一典型を作りあげた」と批評している。そして自分の書いた小説の中では、武蔵を自己顕示欲がつよい人物、「ほこりの高い男」、出世欲が強いこと（仕官への欲望、直参、何千石もの待遇）、「倨傲《きよごう》な剣客」であったことを指摘する。特に単なる兵法者ではなく、もともと宣伝に才のあったことや軍略の才能を持ち、政治家（軍学者）となることを望んでいたことが、「芸術者よりも武蔵は将になりたかった」と表現されている。司馬は、軍学はエセ学問と書き、将に対するあこがれが武蔵を軍学にとりつかせたと述べている。さらに巌流島の直前における彼の「思想が、ひとに語れるほどに熟成していたとはとうてい思われない」と述べ、「名声を得、尊大にもなった」こと、むしろ「中年以後の武蔵は、……ひどく変った」こと、「巌流島以後、その兵法がめだって熟しはじめた」ことを記している。

精神主義を拒否した司馬

司馬の『宮本武蔵』も、かつてテレビ・ドラマ化されたことがある。その感想に、吉川版武蔵の精神主義に対して、司馬版武蔵は技術主義だという評があった（朝日68・4・5）。これは司馬が、武蔵の精神主義を決して高くは評価せず、むしろ小次郎の剣の方に一般性を認めていたところによると思われる。

司馬は、佐々木小次郎の剣を「技術至上主義」と書く。そして武蔵が小次郎に勝つことができた理由としても、武蔵が対戦に当たって小次郎よりも長い木刀を使用し、小次郎が間合いのみに気を取られ、その木刀の長さに注意を払わなかったためだとし、「理法」（技術論の観点）から解説するのである（樋口謹一の指摘による）。それにもかかわらず武蔵は単なる技術者であることを嫌ったため、その「兵法は、技術体系というより多分に哲学」となり、「ひとに教授できないもの」となり、「武蔵を学ぼうとすれば武蔵になる以外に手がなかった」と言う。そのため武蔵は、「技術教官として不適」であり、跡継ぎが出なかったのも当然という評価になるのである。技術主義者としての武蔵という評価は、小林秀雄の評価に近い。

司馬は、太平洋戦争における精神主義の弊害を、武蔵の中に見ていたのかもしれない。

司馬（本名・福田定一）は、一九二三（大正一二）年生まれで、ちょうど一九四五（昭和二〇）年には二二歳であった。福田も戦争末期に、青年学徒として動員された。そのときのことを何回も評論に書いている。一九四三年に最初に派遣されたのはソ満国境の戦車隊であった。ブリキのように装甲の薄い戦車が使われていたと言う。そして一九四五年の夏には、九十九里浜から上陸してくると予想される米軍に備えて訓練させられていた。それもほとんど武器らしき武器を持たず戦闘能力を失っている中で、塹壕《ざんごう》ばかり掘らされていたことを記している。そして精神力ばかりが強調され、竹槍戦をやらんばかりであったとする。あとになって知ったことであったが、日本はすでに物質力・科学力で負けていたのであると。

幻の作品「ノモンハン」

そして司馬は、その体験をふまえて、歴史小説家として一九三九年五月から始まったノモンハン事件での日本の「敗北」に、特に注目している。晩年評論家となってしまった観のある司馬だが、ノモンハン事件を最後の歴史小説として書くことを構想していたそうである。

ノモンハン事件は、近代日本史上で重要な意味を有する事件であった。事件自体は当時の「満州国」（現在の中国東北部）とソ連（現在のモンゴル領の部分）の国境をめぐる争いであったが、国境問題が特に重要というわけではなかった。重要であったのは、国際情勢の展開に大きく関係する事件であったからである。当時、日本は日独防共協定を結んで、共産主義の拡大を防ぐという立場でソ連を敵視していた。ところが八月末に独ソ不可侵条約が結ばれた。これによって平沼内閣は「欧州情勢は複雑怪奇」と声明し総辞職してしまう。ついで九月三日にドイツはポーランドに侵攻して、第二次世界大戦が始まったのである。その日、大本営はノモンハンでの作戦中止を命令し、一五日にモスクワで停戦協定が結ばれる。ノモンハンでの戦闘で日本軍は大打撃を受けていた。

当時日本は北進してソ連にあたるか、すでに開始されていた日中戦争の戦線を南に拡大していくかの判断に迫られており、ノモンハンでの敗戦は、ソ連機械化部隊（戦車隊）の手強《てごわ》さを陸軍に認識させることとなり、北進路線を南進路線に導く一要因になったというのである。これがノモンハン事件の歴史的重要性である。

合理的思考を好んだ司馬

いっぽう司馬は、日本陸軍はノモンハンでの敗戦から何の教訓も学ばなかったということを強調する。ノモンハン事件は、機械化部隊に銃剣で突撃する日本軍の戦法ではかなわないことを明白に示した事件であった。しかし日本陸軍は敗北の原因を十分に学ばず、精神力で科学力・技術力の足りないところを補おうとしつづけた。そしてその後の対米戦争においても、科学力・技術力を軽視してしまう悪しき精神主義に陥ってしまったと主張するのである。

司馬が近代的・合理的思考をする人間を好んで描いたのは、精神主義への反発があったからに違いない。したがって司馬が、桑原らと非常に親しい関係にあったこともよくわかる。まさに司馬は、近代化論的思考をふまえて歴史小説を書いていたと言えそうである。

なお長谷川教佐氏の現代青年の修養主義に関する調査によると、従来指摘されているような、修養主義を現代青年が否定する傾向は見られず、基本的には修養主義は残存しているという。ただし男女差や理科系・文科系に分けてみると、ややであるが、成功や失敗の原因において、女性は男性より努力を重視し、男性は女性より技術や方法を重視するという傾向がある。また文科系学生の方が精神主義的であり、やや精神主義に距離をおいているのは理科系の男子学生だという。これは近代的・合理的思考を、理科系の学生は常に求められているからであろう。このことを考え合わせると、現代において最も「武蔵イデオロギー」から離れているのは理科系の男子学生であり、そうでもないのは文科系女子学生ということになる。

海外で注目された『宮本武蔵』

日本理解の手がかりとして

日本国内で、だんだん『宮本武蔵』が読まれなくなったのと対照的に、海外での関心が高まり始めた。そのきっかけは吉川の『宮本武蔵』が一九七一年に『*MUSASHI*』として英訳されるとともに、宮本武蔵の著書である『五輪書』（*The Book of Five Rings*）も一九七四年に翻訳されたのである。

これらは日本社会に対する関心の高まりが、背景にあったらしい。高度経済成長に成功した「日本の秘密」・「日本人の成功の哲学」を発見したいという動機に由来していたようだ。そして日本人の勤勉イデオロギーに関連して、この本が注目されたのである。つまり『宮本武蔵』に含まれている修養イデオロギーは、日本人の勤勉イデオロギーを代表しているという評価である。これは『「宮本武蔵」と日本人』で桑原らが示した結論――『宮本武蔵』は日本人の道徳性を表わしているという見方に立ったものである。これを読めば日本人の感性や行動様式がわかるのではないかという問題意識や欲求にもとづくものであった。ある外交官が、日本に赴任してきてから四、五年たったときに『宮本武蔵』を読んで「日本人というものが一番わかった」と述べたという木村毅（作家）の回想もある。

一九九九年現在で海外での発行部数は約一〇〇万部以上、実に一〇ヵ国語以上に訳されている。特に英語版とドイツ語版が多い。この数字には中国語は含まれていないが、筆者は台北の本屋で見たことがある。作家の井上ひさしがニューヨークでの打ち合わせの会合に遅刻したとき、相手の女性から、武蔵と同じようにわざと遅れてきたとして、巌流島での佐々木小次郎と武蔵の決闘シーンを念頭においたジョークを言われたそうである。この物語が有名であるという証拠になろう。フランスでは『五輪書』の翻訳の方が『宮本武蔵』よりも早かった。

小説としての魅力

しかし単なる日本に対する興味関心から本を手にとった人ばかりでなく、予想外に多くの人々の好評を博したのには、また別の理由があったようだ。小説として、純粋に世界の人を引きつける要素がなければ、これだけの発行部数には達しないはずである。海外で読まれたのは、日本的な小説だから読まれたのではなく、別の理由があると言うのだ。たとえばアメリカ人にもわかりやすい精神成長小説として読まれている。また武蔵の個性に満ちた生き方が、何ものかを異国の人に与えたのである。宮本武蔵の生き方に共感した人々が相当あったのである。水野治太郎氏の知る学生がアメリカに留学したとき、アメリカ人から「読めば元気の出る本」と逆に薦められたというようなこともあったそうである。

私たちの共同研究者であったジョン＝スウェイン氏は、読まれる理由を三点ほどあげている。第一は、物語自体は、日本を知りたいか否かなどには関係なく、ただファンタジーとして読まれているのではないかということ。

第二は、武蔵にはアメリカ西部劇に登場するアウトローあるいはカウボーイに似た、飼いならされていない、社会のアウトサイダー的なところがあり、それがうけているのではないかということ。ただしカウボーイ・アウトローと武蔵には大きな違いがあり、武蔵は剣の技を、芸術を極めるように磨こうと努力するが、アメリカの早撃ち名手の物語においては、銃を使うのはただ一つ敵を倒すという目的を持っているだけである。敵よりも早く確実に撃つという実際的な問題のほかに、撃つことの意味などについて、なんらかの深い思想を求めたりしない。武蔵の物語は、そうではなくて何か形而上的なものを求めることになっている違いについても言及している。

そして第三は、物語の書かれた時代の雰囲気が、似ているということ。アメリカ人にとって西部劇が、西部開拓のフロンティアが消滅した時代に、前時代の郷愁を誘うように書かれたものであることと同じように、日本人にとって『宮本武蔵』は、近代という新しい時代を迎え社会が西洋風に変わってしまったところに、過去を懐かしがる風潮の中で生み出されたものであるという位置づけである。

スターウォーズに見られる精神修養

これらのスウェイン氏があげる理由のほかに、もう一つの可能性がある。それは、日本人特有なものと理解されてきたこの本の示すモラルが、あんがい世界に通じるものであるということである。たとえば欧米における武蔵受容の背景には、東洋的神秘主義思想の流行があるのではないか。『宮本武蔵』を理解するためには、精神修行に対する共感が必要であり、禅思想がわからないと難しいように思われるからである。

たとえばその可能性を示す一例として、これは単に剣士ということからの連想なのだけれど、映画の「スターウォーズ」を挙げることができる。主人公のルーク＝スカイウォーカーが、悪の帝国と戦うために、ジェダイの騎士をめざして修行をする。その場面に登場してくるのが、九〇〇年生きてきたというジェダイ・マスターのヨーダである。ルークは、ヨーダによって一人前の騎士に成長していくきっかけを与えられるのであるが、その際にヨーダはルークの精神を鍛えている。ちょうど武蔵と沢庵の関係になる。そこで「フォースの力を信じなさい」ということが教えられ、戦いの場面で、この言葉がしきりに繰り返される。

「スターウォーズ」には、いくつか日本の影響を受けたところがあると言われる。監督のジョージ＝ルーカスが黒澤明の影響を受けているということは別にして、たとえばダース＝ヴェイダーが身につけていたものは、構想の初期のころは日本の侍の甲冑《かっちゅう》に似たものであり、だいたいジェダイという言葉は日本のジダイゲキをもじったともいわれている。

それはさておき、このフォースとは、英語のforceをそのまま訳さないで使ったもので、訳すとしたら、精神の力とか意志の力、迫力・気力ということになるだろう。腕力とか暴力とかいう訳語もあるが、ここでは精神力に近い言葉が適切である。だからフォースの力という表現は、繰り返しであり、ほんらいフォースだけでよいことになる。そしてヨーダの教えるフォースには、念力という神秘主義的なところまでもが含まれるが、怒りの感情を去れとか、自分の力を信じろとか、無になれとか、ヨーダはルークに精神的な何ものかを教えようとするのである。ここには精神主義を観客が理解する（共感する）という前提が存在する。そうであれば、『宮本武蔵』が受容できるのもよくわかる。ヨーダのモデルは、日本のある大学の依田教授だという説まである。

外国人へのアンケート

私たちの研究会では、外国人を対象にしても、日本人の学生と同じようにアンケートを取る試みをしたことがある。アメリカとドイツとで、わずか各一〇人程度にしか行わなかったので、その結果をもってこうであると直ちに決めつけることはできないが、なんらかのヒントになることも事実であろう。

その質問の中には、次のようなものがあった。「武蔵は吉野大夫から真の強さには柔らかさが必要であることを教えられますが、強さと共に柔らかさを強調する考えは、好きですか、嫌いですか」。英文の主要部分は、こうである。How much do you agree with the idea that emphasizing both strength and delicacy is compatible?

この質問に対してアメリカでは、一〇人中、強く肯定が三人、やや肯定が五人、どちらでもないとやや否定が一人ずつであった。この質問は、日本人にしか理解できない日本的な修養に関する感覚を尋ねたものであったが、意外にも肯定が多かったのである。

もう一つ日本的な無常観を尋ねた質問「この作品には、生あるものは必ず死に、あらゆるものは変転し人の世ははかないものだとする考えと、そのはかなさを美とする姿勢がみられます。そういう人生のはかなさやそれを美しさと見ることは、理解できますか、理解できませんか」(The book depicts the idea that living things will always die and this world is transient. It is written from a point of view that regards such transience as beautiful. How much do you agree with the idea that life is transient and that such transience is beautiful?)についても、三人が強く肯定、五人がやや肯定、一人がどちらでもない、であった。

わずか一〇人への質問であるが、質問項目によって反応が違うから傾向はつかむことができる。たとえば否定が多かったものには、次のような質問があった。「お杉婆は息子の又八を愛するあまり又八の元婚約者であったお通さんを憎しみ殺そうと企てますが、あなたはお杉婆のわが子可愛さによるお通さんへの憎しみの情を理解できますか」という問いに対しては、五人が強く否定、一人がやや否定、やや肯定は三人、どちらでもないが二人であった。現在の日本でもめずらしい日本的な親子関係は、個人の独立を重んじるアメリカでは共感されないのである。

理解される精神修養?

さて精神修養についてであるが、二つの質問をした。まず一つ目は「武蔵は技や力によってではなく、精神の剣、つまり精神を磨き上げた成果によって小次郎に勝つことができたとありますが、このような考え方は、理解できますか、できませんか」である(The book says that it was not by means of technique or strength, but due to the spirit of the sword, or mastery of spiritual refinement, that Musashi could defeat Kojiro. How much do you agree with the idea spiritual refinement is more important for success than technique refinement?)。これに対して、強く肯定と、やや肯定が二人ずつ、どちらでもないが六人で、否定したものは一人もいなかった。けっこう同意できるということらしい。もう一つの質問が、「芸術やスポーツの技は人間性と深く関わっていて、精神を磨き人格を向上させなくては技術や技も伸びないという考え方は、好きですか、嫌いですか」というもので、やや嫌いは一人、わからないが四人だったのに対して、強く好きという人が一人、やや好きが四人いた。日本人に対してのアンケート結果よりは低いが、否定はほとんど見られないのである。

このような傾向からも、『宮本武蔵』の中に含まれる修養に関するいくつかの徳目は、日本文化だけではなく、現在ではもっと広く、あるいは昔から共感され受け入れられる可能性をもっていることが推測される。

だいたい荒くれ者の青年が、いろいろな苦難を乗り越えて人間的に成長していくという物語自体は、別に日本に限ったものではない。ビルドゥングスロマン（子供たちの成長を扱う小説の一つの分野）を構成する大きな要素である。『宮本武蔵』は、苦難を乗り越えるところを、あからさまに修行と言っているが、明示しないで同じ味を出しているものはいくらでもある。「スターウォーズ」は、その一例であるが、中国の『封神縁起《ほうしんえんぎ》』にしてもそうだ（これは学生から教えられた）。三潴《みつま》正道氏は、中国の吉川英治にあたる金庸《きんよう》の武俠《ぶきょう》小説『神鵰俠呂《しんちょうきょうろ》』（邦訳は『神鵰俠俠《けんきょう》』）にも同様の側面を発見している。

現代の大学生が読んだ『宮本武蔵』

現代社会と武蔵イデオロギー

さて桑原らの『宮本武蔵』を使用した日本文化調査は、遅れた農村、進んだ都会という構図のもとに、都会化（近代化）が進めば進むほど農村の男性イデオロギーは、受け入れられなくなる、したがって「武蔵イデオロギー」は受け入れられなくなる、あるいは修養主義文化は衰えていき『宮本武蔵』も読まれなくなるということを示していた。

都会女性の意識は変わったか

桑原がアンケート調査を行ってから四〇年以上経過した。その間の日本社会の変化は、これまでのどの時代の変化よりも激しかった。社会は高度に近代的となった。その結果かどうかは別として、実際に『宮本武蔵』が読まれなくなったことは確かである。では「武蔵イデオロギー」、すなわち『宮本武蔵』の中に盛り込まれていた諸徳目への支持や共感は衰えたのであろうか。そこについて少し考えてみたい。

二〇〇一（平成一三）年と二〇〇二年の二回、筆者が非常勤で教えている東京女子大学の講義の中で桑原とまったく同じアンケートを行った。都会的な大学であり、現在の都会女性の考え方を知るには適していると思われる。あわせて一四五人、一年生・二年生が中心であった。その結果を、桑原が調査した都会女性の数値と並べて示したのが次ページの表2である。

一〇の質問を平均した「すき」の数字は四四％（二〇〇一年・四三％、二〇〇二年・四五％）であり、桑原が調査した四五年前の四六％とほぼ同じである。「きらい」は一七％（二年とも同じ）で、これも以前の二二％と五ポイントしか違わない。「武蔵イデオロギー」への共感度の平均は四五年前からほとんど変化していない、ということになる。これを先の論理と比較すると、四五年間のうちに社会はますます都会化・近代的したはずなのに、つまり都会化が進めば進むほど「武蔵イデオロギー」は衰えているはずなのに、そうでないということである。むしろ「きらい」が減ることによって、支持は高まっていると言えるのである。これはどうしたことか。

5	6	7	8	9	10	
無常感	義理人情・恥	修養克己心	骨肉愛人間愛	無の哲学	精神修養	平均
32	18	43	50	22	82	46
22	29	11	7	36	7	22
46	54	46	43	43	11	33
10	−11	32	43	−14	75	24
49	38	33	38	17	68	44
14	20	25	17	30	8	17
37	42	42	46	54	23	39
35	18	8	21	−13	60	27
25	29	24	22	1	15	3

5	6	7	8	9	10	
無常感	義理人情・恥	修養克己心	骨肉愛人間愛	無の哲学	精神修養	平均
＋＋	＋＋	−	−		−	
−	−	＋	＋	−		
−	−			＋	＋	＋

表２　都会女性の武蔵度変化（1957年と2001・2002年）

		1 哀れみ優しさ	2 自我意識	3 共同体意識	4 自力主義
一九五七	好き	57	68	7	79
	きらい	7	11	82	4
	どちらでもない	36	22	11	18
	差Ｆ	50	57	−75	75
二〇〇一 二〇〇二	好き	69	41	34	54
	きらい	4	12	26	11
	どちらでもない	27	46	39	35
	差Ｈ	65	29	8	43
	Ｆ−Ｈの絶対値	15	28	83	32

数字は％

表３　45年前の都会女性との比較

	1 哀れみ優しさ	2 自我意識	3 共同体意識	4 自力主義
好き	＋	−−−	＋＋＋	−−
きらい			−−−	＋
どちらでもない	−	＋＋	＋＋＋	＋＋

＋＋＋　26％以上　　−　−６〜−15％　　無印　−５〜５％
＋＋　16〜25％　　−−　−16〜−25％
＋　５〜10％　　−−−　−26％以上

しかしもう少しアンケートの結果を細かく見ると、項目間にばらつきがあり、四五年前とは傾向が少し異なっていることがわかる。四五年前のアンケートでは、「すき」より「きらい」が上回っていた項目が三つあった。それが今回のアンケートでは、一項目だけであった。

九番目の無の哲学だけが、四五年前とほぼ同様なマイナスの数値を示している。この項目は、「どちらでもない」という回答が昔も今も多い項目である。先に述べたように、「無の哲学」という理解が難しい質問であることに原因するのではないか。

六番目の質問は、今回二年とも「すき」が「きらい」を上回った。義理・人情・恥という観念を、現代の都会女性は全体としては肯定的にとらえているのである。ただし強い支持と言えるかというと、三八%という数字では決してそうは言えなさそうである。

三番目の共同体意識は、以前のアンケートでは、「きらい」が圧倒的に多かった質問である。今回のアンケートでは、そのような傾向はまったく見られず、上と同様に決して高い支持ではないものの、「きらい」という回答はひじょうに減少している。

調査結果から

この二つの質問に対する今回のアンケート結果からは、近代化が進めば(都会化が進展すれば)、伝統的共同体意識や古い社会規範を否定する傾向が強くなる、という桑原の前提が崩れていることがわかる。

もっとも以下のように反論することもできる。三番目・六番目の質問は、よく考えると、対社会意識を尋ねたものであった。四五年前に、このアンケートがなされた時には、伝統的な共同体意識や社会規範というものが、どのようなものであるのかについて、都会の人にもわかりきったものであった。しかし都会で育ってきた現代の若い人たちには、伝統的な共同体や義理・人情・恥のような感覚は、ひじょうに疎遠なものになっている可能性が大きい。もしそうだとすれば、三番目の質問に含まれる「世間の恩」とか、六番目の質問の「人の和」などの語句から、現代の若者は「共生」とか「共感性」というようなことをイメージしているのかもしれない。したがって三番目・六番目の質問の支持が増えているからと言って、以前と比較することは適切ではないというものである。なお八番目の質問も、「骨肉愛」という語句は、現在ではピンとこない感じもする。アンケートの言葉の古さにとまどっていた学生もあった。この結果は、『宮本武蔵』が、時代や社会の変化の結果、別の読まれ方をされ支持される可能性を示していると言えよう。

それでは今回のアンケートで支持の高かった項目を見てみよう。一番目の「哀れみ・優しさ」、四番目の「自力主義」、五番目の「無常感」、一〇番目の「精神主義」が、「すき」

の平均を上回っている。これらは「無常感」を除いて昔も支持の高かった項目である。「精神主義」と「哀れみ・優しさ」は、「きらい」も少なく、昔から変化していない項目である。最も「精神主義」への支持が高い（六八％）のも変わらない。ここからは精神主義を、現在の都会女性も受け入れていることがわかる。これは『宮本武蔵』が、以前と同様の読まれ方で読みつがれる可能性を示している。

ただしその絶対値は減少している。先に掲載した表3は、昔と今との比較を＋－の数で示したものである。どこが増え、どこが減少しているかわかりやすい。二番目の「自我意識」や四番目の「自力主義」、七番目の「克己心」など修養に関する項目に対する支持が減少していることがわかる。すなわち修養主義関連項目への支持は総体的には減少して、かわって対社会関係概念への支持が高くなっている。

まとめると、全体として、「宮本武蔵イデオロギー」への支持は、四五年前と変わらない。精神主義を肯定する傾向も継続しているが、自己修養や克己主義への支持はやや減少しているといえよう。

ある学生はアンケートに答えてみて、意識していなかったけれど、自分はかなり修養主義・精神主義的であることに気づき驚いたという感想を述べてくれた。またある学生は、桑原のアンケートについて、「農村の男性と都会の女性が対極にあるというのは、いかにも昔の構図という感じですね。そんなに差もなくなってきたのは、いわゆる画一化の一端なのでしょうか」と感想を書いてきたが、これは田舎が都会化して区別がなくなったということを述べているように思われる。

回答者の意識の違い？

これも本筋とは関係ないが、実は一年目と二年目で、ちょっとした差があった。それはたとえば七番目の修養のうち克己心について尋ねたところである。二〇〇一(平成一三)年は「すき」が四二%であったのに対して、二〇〇二年は二八%とかなり差があった。この差がなぜ生じたのか考えてみた。思いあたったことは、授業参加者の参加意欲が少し異なっていたのではないかということである。二〇〇一年は月曜の午前九時からの授業であったのに対して、二〇〇二年は水曜の午後三時からの授業であった。月曜の朝一番の授業は、学生は(教員も)敬遠する傾向にある。よほどの決心を持って、多少の辛い思いを覚悟しなければ履修しない時間帯である。水曜午後は、そんなことはない。おまけに前の時間は、必修である。ひじょうに登録しやすい環境にある。二〇〇一年に出席してアンケートに答えてくれた学生は、まだ寝ていたい欲求に打ち克ち授業に出て来たと言える。もしそれが正しければ、授業に出てこない人にアンケートを取らねばならないことになる。

『宮本武蔵』に対する共感と違和感

樹下問答

では現代の大学生は、吉川の『宮本武蔵』をどう読むのだろうか。一冊すべてを読むということは限られた時間では不可能なため、有名な箇所を一部分だけ講談社文庫版から読んでもらうことにした。読んでもらった箇所は、関ヶ原の戦いで落武者狩《おちむしやがり》から遁《の》がれた後、郷里に帰った武蔵を捕《と》らえるために追手が派遣される。その追手を次々に殺してしまう武蔵を、沢庵《たくあん》とお通《つう》が捕《つか》まえ、縛られた武蔵は、お通と沢庵が住む寺の庭の大杉の梢《こずえ》に吊るされることになる。その場面（①一八七〜一九二）。

「うぬっ、どうするか、見ていろっ――」

武蔵は、満身の力で、自分の身を縛《いまし》めている老杉《ろうさん》の梢をゆさゆさうごかしていう。

（中略）沢庵は仰向いて――

「そうだ、そうだ。それくらい怒ってみなければ、ほんとの生命力も、人間の味も、出ては来ぬ。近頃の人間は、怒らぬことをもって知識人であるとしたり、人格の奥行きと見せかけたりしているが、そんな老成ぶった振舞を、若い奴らが真似るに至っては言語道断じゃ、若い者は、怒らにゃいかん。もッと怒れ、もッと怒れ」（中略）

「何をっ」

「おう、えらい力、木がうごく。しかし、大地はびくともせぬじゃないか。そもそも、おぬしの怒りは、私憤だから弱い。男児の怒りは、公憤でなければいかん。われのみの小さな感情で怒るのは、女性の怒りというものだ」

「何とでも、存分に吐《ほ》ざいておれ。――今にみよ」

「駄目さ。――もうよせ武蔵、疲れるだけじゃぞ。――いくらもがいたところで、天地はおろか、この喬木の枝一つ裂くことはなるまい」

「うーむ……残念だ」

「それだけの力を、国家のためとまではいわん、せめて、他人のためにそそいでみい、天地はおろか、神もうごく。――いわんや人をや」

沢庵はこの辺から、やや説教口調になって、（中略）

「聞けよ！　武蔵。――おぬしは、自分の腕力に思い上がっていたろうが。世の中に、俺ほど強い人間はないと慢じていたろうが。……それがどうじゃ、その態《ざま》は」

「おれは恥じない。腕で貴さまに負けたのではない」

「策で負けようが、口先で負けようが、要するに、負けは負けだ。その証拠には、いかに口惜《くや》しがっても、わしは勝者となって石の床几《しょうぎ》に腰かけ、おぬしは敗者のみじめな姿を、樹の上に曝《さら》されているではないか。――これは一体、何の差か、わかるか」

「…………」

「腕ずくでは、なるほど、おぬしが強いに極まっている。虎と人間では、角力《すもう》にならん。だが、虎はやはり、人間以下のものでしかないのだぞ」

「…………」

「たとえば、おぬしの勇気もそうだ、今日までの振舞は、無智から来ている生命《いのち》知らずの蛮勇だ、人間の勇気ではない、武士《さむらい》の強さとはそんなものじゃないのだ。怖いもの怖さをよく知っているのが人間の勇気であり、生命《いのち》は、惜しみいたわって珠とも抱き、そして、真の死所を得ることが、真の人間というものじゃ。……惜しいと、わしがいうたのはそこのことだ。おぬしには生れながらの腕力と剛気はあるが、学問がない、武道の悪いところだけを学んで、智徳を磨こうとしなかった。文武二道というが、二道とは、ふた道と読むのではない。ふたつを備えて、一つ道だよ。――わかるか、武蔵」（中略）

――と、やがてやおら沢庵は石の上から腰をあげて、

「武蔵、もう一晩、考えてみなさい。そのうえで、首を刎《は》ねてやろう」

と、立ち去りかけた。（中略）

するど樹上の影は突然、

「沢庵坊！助けてくれッ」

と、大声で喚《わめ》いた。

にわかに泣いてでもいるように、天《そら》の梢《こずえ》はふるえていう。

「俺は、今から生れ直したい。……人間と生れたのは大きな使命をもって出て来たのだということがわかった。……そ、その生甲斐がわかったと思ったら、途端に、俺はこの樹の上にしばられている生命《いのち》じゃないか。……アア！　取り返しのつかないことをした」

「よく気がついた。それでおぬしの生命は、初めて人間なみになったといえる」

「――ああ死にたくない。もう一ぺん生きてみたい。生きて、出直してみたいんだ。……沢庵坊、後生だ、助けてくれ」

「いかん！」

断乎として、沢庵は首を振った。

「何事も、やり直しの出来ないのが人生だ。世の中のこと、すべて、真剣勝負だ。相手に斬られてから、首をつぎ直して起ち上がろうというのと同じだ。不愍《ふびん》だが沢庵はその縄を解いてやれん。せめて、死に顔のみぐるしくないように、念仏でも唱えて、静かに、生死の境を噛みしめておくがよい」

――それなり草履の音はピタピタと彼方へ消えてしまった。（中略）

……すると、誰か？

樹の下へ立って、梢を仰いでいる人影があった。（中略）

「……武蔵さん……武蔵さん……」（中略）

「わたしです」

「……お通さん？　……」

「逃げましょう。……あなたは、生命《いのち》が惜しいと先刻《さっき》いいましたね」

「逃げる?」

「え……。わたしも、もうこの村にはいられないんです。……いれば……ああ堪えられない。武蔵さん、わたしは、あなたを救いますよ。あなたは、私の救いを受けてくれますか」

「おうっ、切ってくれ!　切ってくれ!　この縄目を」

「お待ちなさい」(中略)

短刀を抜いて、武蔵の縄目を、ぶつりと断《き》った。武蔵は、手も脚も知覚がなくなっていたのである。お通が抱き支えはしたが、却って、彼女も共に足を踏み外し、大地へ向って、二つの体は勢いよく落ちて行った。

花田橋　お通によって助けられた武蔵は、いったんお通と別れ姉のお吟《ぎん》を救いにでかけるが、再び捕らえられてしまう。そして沢庵の手によって今度は姫路城天守閣開《あ》かずの間に閉じ込められる。その間、武蔵は古今東西の書籍を手にして修養に努めることになる。そして三年の月日が経た時、武蔵は城から出ることを許され武者修行の旅に出る決心をしたところの場面である(①二三七〜二四四)。

孤剣！

たのむはただこの一腰《いちよう》。

武蔵は、手をやった。

「これに生きよう！　これを魂と見て、常に磨き、どこまで自分を人間として高めうるかやってみよう！　沢庵は、禅で行っている。自分は、剣を道とし、彼の上にまで超えねばならぬ」

と、そう思った。

青春、二十一、遅くはない。

彼の足には、力があった。ひとみには、若さと希望が、らんらんとしていた。また時折、笠のつばを上げ、果て知らぬ——また測り知れぬ人生のこれからの長途へ、生々した眼をやった。

すると——

姫路の城下を離れてすぐである。花田橋を渡りかけると、橋の袂《たもと》から走って来た女が、

「あっ！　……あなたは」

と袂をつかんだ。

お通であった。（中略）

「あの家へ、事情《わけ》を話し、奉公しながら、あなたの姿を待っておりました。きょうは、日数にしてちょうど九百七十日目、約束どおり、これから先は、一緒に伴《つ》れて行って下さるでしょうね」（中略）

武蔵は、勃然と自分へいう。

――なんで、これからの修業の旅出《たびで》に、女などを連れて歩かれるものか。しかも、この女なるものは、かりそめにも本位田又八の許婚《いいなずけ》であった者。（中略）

武蔵は、自分の顔に、苦《にが》い気持が滲《にじ》みでるのをどうしようもなく、

「連れて行けとは、何処へ」

と、ぶっきら棒にいった。

「あなたの行く所へ」

「わしのゆく先は、艱苦の道だ、遊びに遍路するのではない」

「わかっております、あなたのご修業はお妨《さまた》げしません、どんな苦しみでもします」

「女づれの武者修業があろうか。わらいぐさだ、袖をお離し」（中略）

「頼む！」

武蔵はお通の白い手を橋の欄干へ抑えつけた。

「――思い直してくれ」

「どういう風に」

「最前もいったとおり、わしは、闇の中に三年、書を読み、悶《もだ》えに悶え、やっと人間のゆく道がわかって、ここへ生れかわって出て来たばかりなのだ。これからが宮本武《たけ》蔵《ぞう》の――いや名も武蔵《むさし》と改めたこの身の大事な一日一日、修業のほかに、なんの心もない。そういう人間と、一緒に永い苦艱の道を歩いても、そなたは決して、倖せではあるまいが」

「そう聞けば聞くほど、私の心はあなたにひきつけられます。私はこの世の中で、たった一人のほんとの男性《おとこ》を見つけたと思っております」

「何といおうが、連れてはゆかれぬ」

「では、私は、どこまでも、お慕い申します。ご修業の邪魔さえしなければよいのでしょう。……ね、そうでしょう」（中略）

そう自問自答して、お通は、いそいそと、橋袂《はしたもと》の籠《かご》細工屋のほうへ駈けて行く。

（中略）

空を見——水を見——武蔵は悶々と橋の欄干を抱いていた。迷っていた。そのうちに、肱《ひじ》も顔も乗せかけているその欄干から、何をしているのか、白い木屑が、ポロポロこぼれ落ちては、行く水に流れて行った。

浅黄の脚絆《きゃはん》に、新しいわらじを穿《は》いて、市女笠《いちめがさ》の紅い緒《お》を頤《あぎと》に結んでいる。それがお通の顔によく似あう。

だが——

武蔵はすでに其処にはいなかったのであった。（中略）

さっき武蔵が佇《たたず》んでいたあたりには、木屑が散りこぼれていた。ふと欄干の上を見ると、小柄《こづか》で彫った文字の痕《あと》が、唯こう白々と残されていた。

ゆるしてたもれ

ゆるしてたもれ

もう少し読んでもらった箇所は長かった。ここでは約半分だけ掲げておいた。

意外に読みやすい

ここの部分を読んで学生たちは、次のような感想を記してくれた。

まず文体について。

もちろん現代かな遣いに直してあるとはいえ、基本的には戦前に書かれた文章であるから、中には「昔の作品だと思った、文体が。大衆文学だと言われている割に読みにくいと思います」とか、「言葉の使い方が大げさ」、「登場人物のやりとりが昔っぽい」、「セリフの感じが何か変な感じがした。セリフの中に『ウーム』とか入っているのが特に気になった」、「筆者が論じたいがために会話が進んでいるところが多い気がした」、「小説は全体的に説教のようです。それはそれで良いですが」というように、現代的でない部分、説教臭い部分を指摘する学生もあった。

しかし多くの学生は、「文章が口語体で数十年も前の作品とは思えないくらい違和感がない」、「会話が多いので読みやすいです。全体的に勢いがあっていいなと思いました」というように、意外に読みやすかったという反応であった。「痛快でテンポのよい文章」、「文章が生き生きしていて躍動感がある」、「動的な文章」と、特に文章に「非常にスピード感があり、ひきつけられる」ことに驚いていた。もっとも、「私はもっと美しい文章が好きです」というような反応もあった。

一言で言うと、戦前の小説だからとても読みにくいものだと予想していたが、意外に読みやすかったということだろう。

次に武蔵のイメージについて。

未熟な武蔵への共感

これは感想を記してもらってはじめて気づいたことなのだが、学生の持っていた武蔵のイメージが、剣の達人ではあったが、粗野な豪傑であったことだ。そして弱いところなどないという人間だったことだ。「最初から剣も精神もある程度できあがった人」、強く冷徹で精神的にすぐれた人、強くて死を恐れない人、つまり老成した後の武蔵像を有しており、同時に「一匹狼みたいで人をよせつけない感じの人」と、多少敬遠したい感情を有していたようなのである。

そして、この部分を読んで、未熟であった武蔵、精神的に弱い武蔵が書かれていることを発見し、そのような武蔵の姿に「人間味」を感じているようであった。たとえば次のように。

「私の想像していた武蔵はもっと感情が欠落している人であったけれど、少しは人間味がある人だった。」

「武蔵という人間は、死も恐れず、この世の中に恐れるものは何一つもない勇敢な人間だと思っていました。恐れるものがない人間というのは、とても恐いと思っていたので、武蔵はとても恐い人物だと思っていました。しかしストーリーを読んでみると、武蔵は木に吊るされている時、沢庵に命ごいまでしていて、涙を流しているのを読んで、私の武蔵に対するイメージがガラッとかわりました。武蔵もやはり恐れるものがあったのだなぁと。」

「やっぱり強い人の裏側はこうだったんだ、と思えるような感じそのままでした。なぜかというと、強い人こそ実はナイーブであり、弱い所をつかれると本当にボロボロな一面を出さざるをえなくなってしまう。強くて死を怖がらない人だと思っていたのに、あっさりとお通と逃げてしまって人間らしさを感じた。以前は、人間らしさに欠けた男武蔵というイメージがあった。」

いっぽうでは、「〔武蔵は〕もっと男らしい人間だと、ずっと思っていたけど、はっきり言ってけっこう女々しい」という意見と、反対に「お通をいじらしいと思っても連れていかずに、剣の道を極めようとする武蔵の生き方はかっこいい」というような相反する意見もあった（この辺は後で触れる）。

ほんの一部だけ読んだだけで、弱く未熟で恐れ迷う武蔵、つまり未完成な武蔵が描かれているのを発見したのである。もちろん拒否感を抱く学生もいたが、目標に向かって邁進《まいしん》しながらも、精神的に弱く悩む武蔵に安心しているようなのである。

そして『宮本武蔵』という小説が、「ただ武蔵の武道の腕のすばらしさを讃えているだけの本だと思っていた」のが、「人間というものについて深く考えさせられるものであった。人間の精神面を考えさせられる小説だと感じた」というように、一〇ページ程度読んだだけで小説の主題を把握していた。多くの学生が、「弱音を吐いたり命ごいをしたり、とても人間らしい人物なのだと思いました」というように、また武蔵とお通のプラトニックな恋愛が出てくることもあり、人間味のある武蔵に共感しているようなのである。ここでも「人間らしい」という表現が使われている。

修養主義・精神主義に対する反応

感想を書いてもらったところ、多くの学生が自分に引き付けて、感想を書いてくれた。このような反応が予想以上に書かれたのは、作品の持つ力によるものだと感じられる。「武蔵の抱えている迷いや抱えている問題が、今と同じようなものであり親近感が持てた」、「暴走族の方に行ってしまった中学の友人と武蔵がすごく似ている気がした」という感想もあった。何かドロドロしたものを発見して、それが現代に受け入れられる理由ではないかと解説してくれた人もいた。

昔の物語なのだが意外と現代に通じるところがあり、「我慢している自分、二一歳の武蔵の新たな旅立ちを自分と対比し、自分らは何を目標に持っているのだろうと自問自答させられた」と書いてくれる人もあった。

以下に、いくつかを列挙しておこう。

「改心する前の武蔵のイメージが現代の若者の姿とダブる。自分が生きていることにありがたみを感じず、何の目標もなく漫然と生きている現代人の姿だ。そのせいか沢庵のセリフにすごく心を打たれた。沢庵が武蔵に求めていることは、現代人に求められていることなのだと思った。」

「『生きる』というのは、ただ毎日を何げなく過ごすのではなく、何か目標を持ってそれを達成する為の努力をしてこそ『生きる』ということではないかと思った。」

「みな理想の自分像をもっていると思うが、それが実際の自分とかけはなれていることから、武蔵の人間らしく生きる姿に魅了され、ひかれていくのだと思う。」

「自分も剣道をやっていて、剣道は技よりも気合い心だ、と毎日のように言われていたので、沢庵の言葉は身近に感じた。自分の心も磨かなければ、いつか限界がきてしまうのだと思う。」

「武蔵の生き方が私にはとても格好良く思えた。どうしても私は周りばかり気にして自分をよくみつめ直すこととか自分を貫き通すということができないので、武蔵のように生きてみたい。」

「二一歳。自分に本当に近い年齢でだぶって感じる所が多々ある。『これに生きよう！』と剣で自分を磨く事を決心した武蔵にしっとしてしまう。そしてこの精神主義、上昇志向は、どの時代どの年代の人にも、ある程度共感を得るのだろうと思った。小説はずいぶん前に読んだが、その時よりも深く心がゆさぶられた。」

「何か大きなものに向ってひたすらに、まっすぐに生きようとする彼の姿に魅力を感じずにはいられなかった。武蔵でも恋愛には悩んだんだなという所に、妙に親近感を感じた。今私達が武蔵に魅かれるのは、彼の生々しい人間らしさ、また何かに向かうひたむきさなのではないだろうか。今のからからとした時代には、こういうドロドロした、みずみずしい？　ものがうけるのではないだろうか。」

否定的反応

これらの反応は、吉川がこの小説に託した意図に見事にはまった例であるが、そのような修養主義的雰囲気に反発を感じている人もいた。「ワルガキからこんなに礼儀正しい青年へ、三年でこんなに成長するものなんでしょうか？」、「三年間たつとまるで別人になるじゃないですか、そこにものすごく違和感を感じました」という、姫路城天守閣での読書による修行という筋に不自然さを感じるもの。「『私憤』『公憤』という表現があったが、『公憤』というものがよく理解できなかった」、「『国家のため』とか『公』とかの言葉が出てきていたのが少し気になった」というように、突然国家とか公とかが出てくることが理解できない。「何か宗教を熱心にやっているかのように洗脳されてしまいそうな所が怖いです。時にはボーッと生きることも必要だと思うのです」とか、「沢庵のやり方はマインドコントロールのように見えて仕方なかった」というような、何か修行を強制する方向に導いていくことへの反発もある。何が最終目標なのかわからない、剣による殺人を否定的にとらえる学生もあった。そのような感想も列挙しておこう。

「読んでいて、まさに修養主義文化であるなあと感じた。人格の向上、人間が生きるべき道を読む人達に言いたかったのかなぁと思ったが、私自身は、これを読んで面白いとは思えなかったし、武蔵に共感を持てなかった。」

「武蔵は自分に厳しすぎる人だと思った。修行以外のことにも目を向けていかなければいけなかったんじゃないかと思う。」

「武蔵の生き方は、私にはよくわからなかった。終わりのない武蔵の修行は、何を最終的に求めているのかと思った。お通を連れていくことよりも、自己の修行を選んだのだから。武蔵の生き方は、私には少し寂しく思えた。」

「修行によって人間は向上し真の人間になる。このような考え方に私は一歩ひいた気持ちになりました。」

「確かに人格を高めることは重要なことかもしれないけれど、それが他のことを犠牲にして許されるほど大切なことだとは思えない。あまりにも意志の力や努力を拝むような所にまた反発を感じる。」

現代青年の修養主義

修養主義に関するアンケート

『宮本武蔵』の感想の中で、修養主義・精神主義に対する女学生の反応は、どちらかと言えば肯定が多かったが、否定もあり、まちまちであった。前で見たように、「武蔵イデオロギー」調査では、五〇年前と比較して、精神主義や修養主義を「すき」だとする都会の女性の割合は、やや減少しているが、それでもかなり高い支持を保っていた。ではこれをどのように結論づけたらよいのだろうか。一般的には、現代の青年は欲求重視・欲望肯定であり、努力・克己から逃避する傾向があり、修養主義的傾向は存在していないという。もちろんこれには反対もあって、表面には出ないけれども残存しているとするものもある。修養主義という言葉については、多くが学生の聞いたことがないということだった。

われわれが行った『宮本武蔵』の共同研究の中で、「現代青年における修養主義」を担当した長谷川教佐氏の研究が示唆に富んでいる。これは二〇〇〇（平成一二）年六月から七月にかけて都内の大学生八四一人（うち男性四〇〇人・女性四四一人）を対象に行ったアンケート結果を分析したものである。

このアンケートは、修養主義を構成する要素を、目標設定・努力・克己・人間的成長・精神主義としたうえで、それらに関係しそうな質問を設定し、その回答を分析している。

目標設定と努力

たとえば目標設定に関しては、「つぎに人間の生き方についてさまざまな意見や行動が述べてあります。あなたはふだんどのように考え、またどのように行動していますか。以下のそれぞれについて、あなた自身のふだんの気持ちや行動にもっとも近いものをひとつだけ選んで、その番号に〇印をつけてください」という前置きの後で、次のような問いが発せられる。

19　どんなに困難や苦労があってもやりとげたいと思うほどの、自分が打ち込むことのできるものがほしい。

1　ほんとうにそう思う　（強く肯定）

2　どちらかといえばそう思う　（やや肯定）
3　どちらともいえない
4　あまりそう思わない　（やや否定）
5　ぜんぜんそう思わない　（強く否定）

この問いへの回答は、強く肯定が六九％、やや肯定が二三・二％、あわせて九二・二％で、打ち込めることがほしいという願望はひじょうに強いということになる。ところが、「12　どうしても達成したい目標（たとえば入学試験の合格や仕事上の成功など）があるときは、他のしたいこと（たとえば恋愛や家族と過ごす時間など）はあきらめるべきである」という問いに対しては、強く肯定は一〇・九％、やや肯定が三二・六％、あわせて四三・五％にすぎない。この二つの結果は矛盾している。

次に努力について、こういう二つの質問をしている。一つは「14　才能はあるが努力しない人と、才能は少ないが一生懸命努力する人が、試験で同じ点数をとったら、たとえ同じ点数であっても、才能の少ない人が努力してとった点数のほうが価値がある」という質問であった。結果は、ややも含めて肯定が六四・二％、同否定は一八・九％である。もう一つの質問は、「15　あなたは、一般的にものごとが成功したり失敗したりすることの原因として、つぎの1から5のうちどれが重要だと思いますか」として、選択肢の「1　技術・方法」「2　運」「3　精神性・人格」「4　努力」「5　その他」から選ばせるものであった。これについては、努力が四〇・九%、方法・技術が二二・八%、精神性・人格が二〇・二%という回答を得た。以上より、現代の学生が、努力にかなりの価値を認めていることがわかる。

このようにして約二〇ほどの問いを分析している。

人間的成長と克己心

人間的成長に関する問いからは、約三分の二の学生が成長のためには困難や苦労が必要と考え、七〇%以上がつまらないことでも心をこめて行うことが成長につながると思い、八割以上の学生が「人格を高めたい」とか「強い精神を身につけたい」と感じている。

興味深いのは、最も肯定率が低かったものが「25　将来のために、今したいことがあってもがまんする」という質問について、ややと合わせて肯定率が二二・二%しかなかったことである。これは克己心に関する質問項目であるが、他の質問と総合して考えると、今したいことがあったら、それを捨ててまでも目標に向かって進もうと考えている人は少なく、また先に見た目標設定の項目との関係で、いろいろなことをあきらめてまでやりとげたいという願望は、現実的には状況によってかなり左右されるということを示していることがわかる。

また「自分の力だけで生きていくべきだ」という自立主義についての質問に対する肯定は約二七％、否定は四九・一％で、これが最も否定率の高かった項目であった。自分の力だけで生きていこうという態度に対しては、拒否感があることがわかった。

精神修養　そして精神修養であるが、質問は次の二つである。「17　スポーツにおいて最高の強さに達するためには、技術や方法のレベルを高め、努力・訓練するだけでは不十分で、物質的なものを超えた、なにか精神的なものが必要である」、「22　仕事でもスポーツでも、知識・技術や訓練によってできればよいというものではない。仕事やスポーツを通して自分の精神を高めることが重要である」。これについては前者が八八・九％、後者が七四・一％肯定している。このアンケートの最初の方で、芸事《げいごと》や武道体験の有無を聞いているが、そのあるなしにかかわらず非常に高い肯定率を示している。

そのほか男女の違いとか、文科系学生と理科系学生の違いとかについても分析されており、やや男性に自力主義的傾向や今したいことをがまんすることを肯定する回答が多かったことや、逆に女性の方が努力を重視しうち込めるものが欲しいという願望が強いという傾向、また文科系学生の方が精神主義的であることが指摘されている。

分析自体は、もっと統計学的な方法を用いて深められているのだが、著者の手に余るのでこれくらいにして、長谷川氏のまとめを掲げておこう（「現代青年における修養主義」『「宮本武蔵」は生きつづけるか』一九〇〜一九一ページ）。

今も残る修養主義

現代の青年においても基本的には修養主義は残存していた。とくに修養に関する意識や欲求は高い。従来から指摘されているような、修養主義の価値を否定する傾向は見られなかった。たとえば欲望の肯定とか努力の蔑視などはほとんどみられない。逆に不動の強い精神など人格の向上やうち込める目標などを強く望んでいる。また精神主義も非常に強かった。しかし修養主義はすべて肯定されているわけではなく、肯定率が低かった項目もある。それは、現在を手段化すること（忍耐）や自力主義などである。また性別では女性は男性に比べて目標、努力をより肯定する傾向があり、男性は女性に比べて克己、忍耐をより肯定する傾向があった。

うち込めるものがほしいということについては、立身出世や理想的なるものの追求という、以前の目標が無意味化し献身の対象がないことの裏返しであると考えられる。

不動の強い精神の欲求については、近年の弱さを認める方向への価値観の変化にも関わらず、女性も含めて非常に強かった。精神主義は依然として強い肯定率を持ち、理科系の学生でも「究極的には精神的なものが必要」を認めるのは日本人の技術と精神の関係についての基本的な考え方が相変わらず強いことの反映であると思われる。

現在を将来のための手段とするという「現在の手段化」については肯定度が低かったが、それはやはり現在の欲求や感情を非常に重視する現在志向の高まりによる。また将来という時間軸自体は失われていないまでも、目標となすべきことが弱いことが特徴である。さらに「うち込めるものがほしい」を強く肯定するとともに、「他のしたいことはあきらめるべき」を肯定しないような互いに矛盾するような回答をしているが、それは彼らの自我が状況に応じて緩やかに統合されていて、それぞれの状況の中では矛盾と意識されていないためであろう。自力主義は修養主義と本質的に関係が深いはずのものだが、自力主義は青年たちのなかでは否定されていた。

努力主義も実際にはかなり高いと見てよい。これは他の世代にもいえることだが、日本人の努力主義は非常に強く、人間的成長や精神主義ともつながっている。ただ実際に努力している者は、将来を考えたり、他者や社会との連帯を意識している者であった。また実際の努力行動は努力を評価する意識とは一致しておらず、忍耐に関する行動と関係がみられた。

現代青年の修養主義の構造については、各項目の相関関係をみると人格的成長に関する項目同士の相関が高く、さらにそれらが他の修養主義項目と高い相関関係を持っていた。修養主義の領域ごとの関係を見ると、青年の修養主義では人間的成長に関することを中心にして克己、努力、精神主義に関することが結びつき、その周辺に割合独立性の高い目標設定と自力主義に関することが存在していた。

長谷川氏が述べているとおり、さらに賛否両方の立場からの質問をすることによって、肯定にかたよる回答を得る傾向をなくすようなアンケートを取る必要もあろうが、右のような結果からは、『宮本武蔵』の一節を読んで、それに共感する反応も頷《うなず》けるのである。ただし認識や欲求のレベルと実行や行動のレベルは必ずしも一致しないこともふまえておく必要もあろう。一致しがたいからあこがれるということも考えられるからである。

お通と武蔵の関係をめぐって

お通の態度に対する違和感

『宮本武蔵』は、農村男性のイデオロギー――これが日本の伝統的（封建的）イデオロギーでもある――を最も表わしている、というのが桑原らの一つの結論であった。それは小説の提示する徳目への支持が、最も農村男性に高く、都会女性に低かったところに現われている。

学生に『宮本武蔵』の一部を読んでもらったところ、お通《つう》と武蔵との関係について書いてくれた人も多かった。武道を極めるため愛する女性を振り切っていく姿を、「昔の男らしい」、あるいはそういう二人の関係を「かつての男や女が理想とした男の姿」と言い、それを「とてもかっこいい」と感じたり、「あこがれてしまった」と言う人もいたが、疑問や否定を示す人も多かった。

武蔵の気持ちが「よくわからなかった」、自分の気持ちを抑え込んでいるのは「やっぱり自然じゃない」、「ある意味異常さを感じる」、「自分のためだけに生きられるのはすごいことでもあるが少し悲しい」という感想があった。武蔵が人間的には成長しているはずなのに「お通に対する態度は変わっていない」のは変であり、結局「武蔵は問題を避け逃げてしまったにすぎないのではないか」という指摘もあった。

「お通は日本女性の典型的理想像」として書かれており、それは「少々男性向け」だと指摘しくれた人が複数あったが、それはお通を置いて行ってしまう武蔵の行動を「日本男児の美学なのかなぁ」と感じたことによろう。「女が邪魔という考え方がものすごくムカツキます。でもそれが昔から考えられている女のあり方なんでしょうか」と、伝統的な日本社会のあり方に言及し、そこに「女が見下されているような感じ」を見いだす学生もいた。

これは文中に、たとえば「小さな感情で怒るのは女性の怒り」というような表現があり、男尊女卑的に感じられることによろう。また基本的に武蔵の物語であり、たとえば姫路城での「三年間で武蔵は成長したのに対し、お通は全く成長していなかった」、「お通さんが彼を待っていた三年の日々は何なのだろうか」と、お通は武蔵の添えものとしてしか描かれていないところに不満を感じている人もあった。

欧米の男女関係

このような違和感は、アメリカ人にも共通するようだ。私たちが下調べとして行ったアンケート調査で、こう尋ねた。「武蔵は剣の修行以外のことは、剣の道にはずれたこととして、お通さんの愛を拒みつづけようとしたのですが、そのように人間が何かに打ち込むときは異性は邪魔だとする考えをどう思いますか」、「お通さんは武蔵から受け入れられないのに、ひたすら武蔵への純愛を貫きます。そういうお通さんを好きですか、嫌いですか」。この質問に対して、前者については一〇人中八人が否定し、後者については一〇人中五人が嫌いだと回答してくれた（後者については、好きだとする者も三人いた）。小人数にしか尋ねなかったため、この数字は、統計的にはあまり意味はないが、共同研究者であるジョン＝スウェイン氏によると、この結果は納得できるという。

彼によると、吉川の『宮本武蔵』で最も理解しがたいのが武蔵とお通との関係であるという。西洋ならば、「男らしい勇気」とは騎士道の理念を引きつぎ、困難に遭遇している女性がいれば、男性はどんなことがあろうとも、万難を排して彼女を助けにいかねばならない。また騎士は戦いにあたって、しばしば愛する女性の記念品を手にして臨むものだ。それを持つことによって、自分を鼓舞させるのが普通である。異性は目的達成のための障害ではなく、目的を達成するための良きパートナーと考えられているのだ。

男性イデオロギーの世界

武蔵とお通との関係は、現代の私たちから見ても、理解しがたいわけではないが、とても古風に思える。学生たちの反応も、同様であった。お通は、吉川の理想の女性像を表わしたものだとよく言われる。しかし、お通にも孤独の陰がある。小説中でも、最後まで武蔵とお通は、普通の男女関係にはならない。この小説には骨肉愛（家族愛）は登場するが、男女の愛は登場しないのであり、女性を一個の独立した自立した人格として認めてはいない。可憐で可哀想な女性、あわれみをかけられる存在としての女性、このような女性の姿は、まさに男性イデオロギーであり、一九六〇（昭和三五）年ごろまでの歌謡曲が描く女性の姿に対応していたと、坂本比奈子氏は指摘している。それは現在では通じない。

女子学生が、少し読んだだけで、時代の差を感じ、いっぽうで恋愛を犠牲にしてまで修養するということに対して反発を示していることは、かつてそのような男性イデオロギーに対応して存在していた女性自身が抱く（あるいは知らないうちに抱かされている）理想の女性像が変化していることを表わしている。また武蔵の一人での修行というものについても、現在では支持されないことを示しているように思われる。

こう書いて来た学生があった。「『宮本武蔵』でのお通の弱いこと、彼女の強い所は武蔵をおっかけまわしていることくらい。お通も宮本武蔵の横で鎌とか振り回しながら『私は二鎌流使いの達人よ』とか何とか言いながら武蔵と一緒に戦って欲しかった」。まるでストーカーみたいだと、何か異常さを感じるのだ。武蔵のお通に対する態度よりも、お通の姿を否定する意見が、これは実は昔もそうだったのだが、多かった。

また「修養主義とは、自己の確立であり、自己を超越したところの天命に従うことであることを知ったとき、これを成し遂げた後になって初めて、自分を愛し、周りの人間の大切さに気づかされるのではないか。そのためなら家族や友人・恋人を犠牲にするのは惜しくはないと思った」と書いた人もあった。

大リーグへ渡ったイチローと武蔵の姿が似ているという評価をしばしば目にするが、男女関係という側面からは、イチローが奥さんを伴って渡米したことをよかったと感じている学生がいた。

しかし武蔵は「独行道」の人であった。

外国人を対象とするアンケートの質問に、武蔵の晩年について想像してもらう記述式の項目を設けてもらった。その回答に「家庭と使命を両立させていたら素晴しいのに、そうはしなかったようですね」、「武蔵は愛する女性と出会い、学者・画家・剣の師として晩年の生活の糧を稼ぐ、芸術家として」、「晩年の武蔵は剣の道を志す若者に尊敬を受けた。しかし剣道だけではなくて愛を教えた。なぜなら彼は孤独であったから」というのがあった。一人で寂しい晩年を迎えたことを残念に思うのは、現代日本人だけではないのである。もっとも吉川は「それからの武蔵」を書かなかったから、これは吉川のせいではないのではあるが……。

宮本武蔵の復活

井上雄彦の宮本武蔵

『バガボンド』の登場

吉川文学がいかに根強い人気を誇っていたとはいえ、徐々にその読者は減少し高齢化していった。司馬のような時代に即した新たな国民作家が生まれ、また表現形式も、テレビなどの影響を受けて、展開の早いものが歓迎されるようになった。そして一九八〇年代に入るころより、吉川の名はしだいに聞かれなくなり、『宮本武蔵』も若い世代からは確実に忘れ去られていった。そしてそれは同時に、桑原らの研究にしたがうならば、『宮本武蔵』が提示していた日本人のモラル——修養主義がすたれたことを表わしているようにも思われた。しかしこれは一概にそうは言えないことは、前節で見た。

さてここにきて再び武蔵が注目を受け、それにつれて吉川の知名度も少し回復した。それは『バガボンド』の登場によってであった。井上雄彦《たけひこ》は、若い人の間で絶大な支持を得ている漫画家であり、吉川の『宮本武蔵』を原作として『バガボンド』の連載を青年誌『週刊モーニング』（講談社）に始めたのであった。一九九九（平成一一）年三月からは単行本として順次発行され、二〇〇二年一〇月末現在で第一五巻まで進んでいる。

第一五巻までですでに二七〇〇万部を突破したというから、すごい売れ方である。また日本のみならず、韓国・香港・シンガポール・タイ・台湾などでも翻訳されて売れているから、アジア社会にも通じる要素が含まれているのかもしれない。講談社漫画賞、文化庁メディア芸術祭大賞、手塚治虫文化賞マンガ大賞を受賞した。ただしまだ『スラムダンク』の発行部数には到達していない。

漫画の宮本武蔵であるが、かつて石ノ森章太郎や川崎のぼるなども描いている。そのうち石ノ森のものを読むことができた（石ノ森は小説でも書いているらしい）。これも吉川のものを下敷きにしているが、やはりアレンジされている。一番の違いは武蔵の一生を描いていることだ。短いということもあり、現在読む限りでは、特に感動するというものではない。当時の評判は知らないが、ビッグ・ヒットであったということは聞かないから、武蔵を漫画にすれば売れるというものでもない。やはり井上版の武蔵には、人を惹きつける何かがあるのだろう。

原作本との異同

『バガボンド』の登場人物は吉川の原作から借用しているものの、ストーリー展開にはかなり異なる部分もあり、大胆な解釈の違いもあるので、実質的には井上の武蔵像が描かれていると言ってよい。それも巻が進むにつれて、独自の世界が広がってきている。

作家の北方謙三は、吉川版『宮本武蔵』を夢中で読んだ経験があり、なぜ今さら宮本武蔵なのか疑問に思ったが、『バガボンド』を読んでみると、「いい意味での換骨奪胎が鮮やかになされ、……キャラクターにしてもストーリーにしても、井上雄彦のオリジナルと呼んだほうがいい作品ですよ」と書いている。そして「現代人にピンと来ない部分」、たとえば蔵にこもって書物を読むことで成長する場面を、当時は共感できたけれど、知識があふれている現代にはリアリティがないとして削り、ひたすら戦いを通じて成長する武蔵を描いていること。原作にない宝蔵院《ほうぞういん》二代目・胤舜《いんしゅん》との死闘を何巻にもわたって描いているのも象徴的だと思います、とその例をあげる。

関ヶ原での敗北から始まり野武士の襲撃から朱実《あけみ》らを守ったり、又八らに置き去りにされてしまうのは吉川版と同じである。また沢庵《たくあん》や又八の役割、武蔵をお通や恨みをいだくお杉婆が追うという設定も同じである。お通と沢庵に捕まり千年杉に吊るされた武蔵と沢庵の問答もあるが、綱を切ったのは、武蔵を追って来た辻風黄平である。北方が指摘するように姫路城開《あ》かずの間における三年の学問修行という話はない。吉岡道場に乗り込み弟子たちを破るが、そこに現われた当主の吉岡清十郎は、自堕落で軟弱そうに見えても、実は非常に強い腕前を隠している。無益な戦いを避けるための仮の姿だ。武蔵が、その父である無二斎《むにさい》を克服していく親子の葛藤というテーマは、吉川よりも濃厚である。

胤舜との対決

第五巻から始まる奈良の宝蔵院での胤舜との対決が、一つのクライマックスになっている。ここでは胤舜との戦いが四巻にわたって続く。その中で、本当に強いということはどういうことかということが語られる。胤舜も強くなることを楽しみとしていた人物であり、武蔵との生き死にをかけた勝負に生きる喜びと、また恐怖を感じていた。武蔵はいったん胤舜に敗北し逃げるが、続く第六巻では武蔵がその敗北に自分の未熟さを見いだし打ちひしがれている姿と、宝蔵院初代の胤栄の手ほどきをうけて復活するシーンがつけ加えられる。第七巻で、再び二人は立ち合い武蔵は勝つ。このようにして、次々と現われるライバルたちとの試合によって武蔵が成長していく姿が描かれる。

これらと挟まる胤栄や柳生石舟斎《やぎゆうせきしゆうさい》の回想シーンを通じて、強さを誇示したいという「我」の気持ちを去らねばならないこと、「無刀」が理想であることを語らせる。これは吉川の原作と同様。又八が佐々木小次郎の名を騙《かた》るようになるシーンや、仏像を彫る武蔵も描かれている。それをひきついで柳生の里での芍薬《しやくやく》の話から城へ入ることに成功し、四高弟との戦いになり、その最中お通の笛が鳴り響き武蔵はその場から去るのは一緒だが、そのあとが違う。

お通との対面シーン

吉川は二人をすれ違いにさせたのだが、井上は対面させ、武蔵に「綺麗に……なったな」と言わせる。お通は、強くなった武蔵を知り涙する。『バガボンド』には、心理描写の場面がひじょうに多いのだが、それでも限界がある。二人をすれ違いにさせなかったのは、対面シーンを描くことによってより強く心情を表現したかったからであろう。

武蔵は無防備で眠っているような石舟斎に挑もうとするが、圧倒されてできない。とてもかなわないものを発見する。石舟斎から、天下無双とは「ただの言葉」に過ぎないと聞かされる。同じシーンで同じことを武蔵に悟らせるための道具として、吉川は漢詩を用いたのだが、それでは絵にならないし、漢詩は現代ではもっとわかりにくいので、ここでも石舟斎との出会いの場面を設定したのだろう。

第一二巻で武蔵は、宍戸《ししど》梅軒《ばいけん》を名乗っていた辻風黄平と鎖鎌《くさりがま》の勝負をする。ここはまったく違う。だいたい辻風が最初に現われた時は剣の使い手だった。それが龍胆《りんどう》という小娘から鎖鎌の技術を盗んだのだった。そして辻風との戦いの中で、武蔵は二刀流を生み出す。負けた辻風は、武蔵に命を乞い、「殺しの螺旋《らせん》から降り……生きて龍胆を守る」という言葉を残す。その言葉が武蔵に重くのしかかる。

第一四巻から、武蔵を離れて佐々木小次郎の物語が始まる。これはまったく井上の世界である。読者に読んでもらうしかない。

新しい武蔵像

読者の反応には、次のようなものがあった（インターネットの記事である）。

宮本武蔵の漫画って教えると「なんか、つまんなそう……」「オヤジくせえ」等といった反応が返ってくることが度々あります。が、そんな事言わずに読んでみて下さい！　時代劇好きじゃなくても絶対に面白いはずです。

読んでみたら違うのだが、やはり若い世代にとって宮本武蔵には、古臭いイメージがまつわり、とっつきにくかったのである。また、美術作家のやなぎみわという人は、新聞の取材に対して「原作者とのかっとう、闘いが感じられないから予定調和的で物足りない」、「何かというとすぐ『道』になってしまう」と言っている（朝日99・11・20）。この感想は、第四巻が発行された段階のものであり、そこまでは比較的吉川の原作に忠実だから、それを読んでこのままでいけば、吉川の武蔵――すなわちひたすら「道」を求めて修行する武蔵像以上のものにはならず、それではおもしろくないということを言おうとしたものだと思われる。井上の武蔵がだんだん出て来るのは、第五巻以降からである。

漫画史研究家の宮本大人によると、「井上時代劇の新しさは、その肉体の質感と、戦いのアクションの描き方、そして登場人物の心理描写の緻密さなどに、現れている」と述べている。特に今までの時代劇マンガにいちばん無かったものが、心理描写の緻密さだとしている。その例として、故郷の宮本村でお通と沢庵に捕らえられて木に吊るされる場面をあげ、自分の生い立ちや行いを思い返し、今までに殺した者たちの幻覚に襲われたりもしながら、自分自身の心の闇に向き合うようになる過程が丹念に描かれているシーンを挙げている（毎日99・5・21）。

弱い武蔵

読者の感想は、公式ホームページ（http://www.itplanning.co.jp/）に多く掲載されている。たとえば第六巻が発売された直後の感想（二〇〇〇年四月二五〜二七日）を読んでみると、弱い武蔵に対する共感がひじょうに強いことに気がついた。たとえば、次のような感想がそれである。

胤舜に追いまくられて錯乱しながら逃げる武蔵があわれでした。自負心が強いだけにまさかの醜態。そのうえ敵の師にやさしくされて羞恥と情けなさに打ちのめされたでしょう。でも絶望したり自暴自棄になったり、あきらめないのが武蔵の生命力の強さしぶとさですね。……（簡単に悟っちゃやだめだよ）

井上への読者の共感は、どこにあるのだろうか。井上は、吉川と同じように心理描写が得意な漫画家である。したがって吉川と同様の視点に立ちながらも、武蔵の弱さを描いている。弱さの中で懸命に生きて行こうとする姿が感動をよんでいるように思われる。これに比べると、吉野大夫にたしなめながらも、吉川の描く武蔵は、精神的に強すぎるのである。これでは現在の人は息がつまってしまって、ついて行けない。

ライバルに共感する武蔵

また吉川の武蔵は、剣においては武蔵一人の修行が中心である。吉川は武蔵の「独行道」を描いたのであるが、井上の武蔵は、戦いの相手も武蔵に共鳴しながら生きている。そこがまったく違う。辻風黄平と胤舜は、これまでの良きライバルであった。これから佐々木小次郎がどのようなライバルとして描かれるかは楽しみである。柳生兵庫助も祇園藤次も、強くなることをめざして修行している。しかし彼らには、どこか武蔵と心を通じさせるところがある。強くなりたいと思う人々が、いっぽうでは一人では生きられないことを強調しているように思われる。剣を振るう殺伐《さつばつ》とした世の中にあって、ある人は人を傷つけて強くなることを願い、ある人は世の中に失望してしまう。しかし人は人となんらかのかかわりあいを持ち、それにこだわって生きている。吉川が骨肉愛でしか強調できなかった人と人とのつながりが、ほんらいは何の関係もなかった胤栄《いんえい》が胤舜を鍛《きた》え、辻風が龍胆の命を救う、また小次郎とその師匠である鐘巻自斎《かねまきじさい》との出会いから育ちなどを通じて強調されているように思われる。

文芸評論家の縄田一男は、「勝ちすぎない主人公」や「逆説の主人公」がうけているのではないか、勝ち続ける男を「教養主義的でなく描こうとしている」点が楽しみであり不安でもあると言っている（朝日99・11・20）。

『バガボンド』と『宮本武蔵』

では吉川と井上と両方読んだ一般の読者はどちらを支持しているのだろうか。読者からは、次のような両極端の反応が出されている。ともに早い段階の反応である。

両者の比較

原作の方がおもしろかったというもの。

吉川英治の宮本武蔵は知ってるから話的にまるで面白くなかった。人物をたまに崩して（絵的に）描いているのも物凄く浮いていてバッド。なんか、絵を綺麗に描こうという気ばかりが、作品に現れてきてしまっていると思う。……余りにも原作に忠実でおとなしすぎないか。

原作を読んでがっかりしたというもの。

読破できていない。でも原作というモノはこういうモノかと思った。『バガボンド』とはやっぱり違う。いろいろ違う点がありすぎて、もう指摘する気にもなれない。

吉川の原作を読んだことのある人にとって、原作に忠実すぎるとおもしろくなく、いっぽう『バガボンド』から入った人には、原作には違和感があるということだろう。

読んでもらった所

『バガボンド』の一部についても学生に読んでもらった。前に引用した吉川の部分とは違うシーンであるが、比較的近いことを描いている部分である。辻風黄平によって紐が切られ吊るされていた千年杉から落とされた武蔵が、沢庵につれられて故郷の宮本村を出ていく。そして村を望むことのできる峠で体を縛っている縄から解放され、新たな人生に向かって出発する場面である（単行本第二巻#21「光のある場所」から）。

小高い山の頂上で休憩していると、武蔵は沢庵に「殺せ」と言う。沢庵は、武蔵に、これまでのような人を斬りまくって、いつか最後には斬られてしまう人生が本当の望みならば、そのような人生を生きてきたのだから暗くさびしい眼をしているのはおかしい、笑うのが筋ではないかと言葉をなげつける。しかし武蔵は、その言葉に反抗する。そのような武蔵を、沢庵は拳骨で何度も殴る。武蔵は、意識が遠くなりながら自分の、これまでの父親から冷たくされ、村人から嫌われ、世間に反抗してきた人生を振り返る。そして突然、武蔵は、そばの岩にみずから強く頭を撃ちつけて死のうとする。

以下、少し映画や劇のシナリオ風に再現すると。

沢庵〈急に駆け寄り岩から離し〉「ここで」「命を放りなげるか武蔵《たけぞう》」

沢庵〈武蔵を抱き起こし頭に手をかけて〉「今までのお前をも」「見捨てるのか」

〈武蔵は又八とともに関ヶ原や少年時代の乱暴などを瞼に思い浮かべる〉

沢庵「殺すのみの修羅のごとき人生が本望か」「武蔵」

沢庵「違うよ」「お前はそんなふうにはできていない」

武蔵〈涙を流しながら〉「本当か」「生きていいのか」

沢庵〈小刀で武蔵を縛っている縄を斬る〉「闇を知らぬ者に光もまた無い」「と思うぞ」

「闇を抱えて生きろ!!」「武蔵」〈中略〉「やがて光も見えるぞ」

お通「武しゃーん!!」

とらわれ

もう一つ、お通との関係を描いたところを読んでもらった。京都に出た武蔵が、吉岡道場に乗り込み、次に奈良の宝蔵院をめざして修行に出る。その道すがらの沢庵とのやりとりの部分である。（単行本第四巻＃35「とらわれ」より）。

そこでは、お通のことが気にかかる武蔵《むさし》に対して、沢庵は「ずいぶんと人間らしくなった」と語り、突然、道端に落ちている太い木の枝の棒を拾って自分と試合をしようと言う。ふたりは立ち合うが、しばらくして急に沢庵が「おつうのことだがな……」としゃべりかけると、武蔵はハッとする。その隙を沢庵が棒を武蔵にパカッと打ち込むが、武蔵は反応できない。武蔵は、それを自分の弱さだと感じ、剣のみに生きねばならないと自分に言いきかせる。

沢庵は、このような武蔵に対して「見まいとすれば心はますますとらわれる」「心が何かにとらわれれば、剣は出ない。そのときお前は死ぬだろう。〔中略〕一枚の葉にとらわれては木は見えん。一本の樹にとらわれては森は見えん。どこにも心を留めず、見るともなく全体を見る。それがどうやら……『見る』ということだ」と語るのである。

以上、どちらのシーンも、学生に読んでもらったものより相当にカットしてある。

学生の反応

井上の描く武蔵は現代風に描かれており、それが学生に親しみを持たせている。たとえば髪はバサバサで立ち、現在の若い大学生のようである。絵には迫力があり、武蔵の野生的でガツガツしたところが劇的に、よりダイナミックに描か

図15　『バガボンド』の一場面

れている。ちょっとひねくれたところにも魅力を感じるようだ。

授業で読んでもらった学生の反応には、次のようなものがあった。『バガボンド』の方を支持するもの。

「バガボンドの武蔵の方が無口で好きです。」

「吉川の武蔵は、好きでない。言葉使いもきれいすぎ。バガボンドはガムシャラに生きてきた感じ出ているので、好き。」

「漫画のほうが、より一層武蔵の人間臭さが表れているような気がした。」

「漫画に描かれると、自分のイメージとは違って、より劇的な話に思えた。暴走族の方に行ってしまった中学の友達と武蔵がすごく似ている気がした。」

「原作の武蔵はなんとなく素直な感じだが、バガボンドの方の武蔵はちょっとひねくれている感じでおもしろい。」

「原作ほど説教じみていないと思った。画になったのでわかりやすかった。」

吉川の方が良いとするもの。

「バガボンドを読んで、原作を読んだ時にもったイメージ、自分の想像力を壊すものだと感じました。」

「武蔵と沢庵のやりとりがおもしろかったです。私は原作の方が好きです。バガボンドの絵があまり好きではないので。」

「漫画の方がイメージがつくりやすくていいけれど、文字と違って一つのイメージしかできず、一つの読み方、とらえ方しかできないなと思いました。小説にくらべてちょっと軽薄だなと思ってしまいました。私は小説の方が好きです。」

「わかりやすい言葉と漫画があったことで、だいぶ読みやすかったけど、簡略化されすぎたことで哲学的思想という面から浅くなっているように感じた。」

文字と絵

さらに文字と漫画の違いについては、次のような指摘があった。全体には、井上の劇画の読みやすさ、わかりやすさを支持する意見の方が多かった。もともとかなり多くの人が、すでに『バガボンド』を読んでおり、井上の描いた武蔵の姿を知っていたため、つまり視覚により固定化した武蔵像を持っていたために、イメージのギャップが大きかったようだ。

「マンガは文字が少ない分言葉が一語一語重いので、すごく伝わってくる部分が大きいし内容も理解しやすい。」

「マンガはそのページに描かれている人物・風景・ストーリーにとらわれてしまい、

自分の視野を広げて想像を豊かにして読むことはできませんが、やはりわかりやすく、どこまで進んでも、一場面一場面を忘れません。また表情があるのもマンガのいいところです。」

「マンガの方が読みやすい。人物のイメージ（固定されてしまうけど）とかシーンが小説だと思い描きにくいので。でもどっちの武蔵もおもしろいと思う。」

「バガボンドの方が荒々しい感じを受けます。でもどちらの武蔵も好きだなぁ。井上氏の絵はキレイなので映像がすんなり頭に入ってきて、忘れにくいという点です。」

「〔吉川版は〕武蔵の弱さが出ている。不器用さが印象に残りました。内面の弱さが大きく描かれている。バガボンドは、野生っぽい。」

「小説の方はしっかり距離が取れるのに、漫画はできない。狂暴で暴力的な絵はずっと続くとイヤになる。私は落ち着いていてオトナな武蔵が好きなのかもしれない。」

「井上さんの漫画は訴えかける何か一つの主張がより強く、吉川作品の方は同じく訴えかけるにしても、複雑な人間の心理状態がより細やかに描かれているように思える。」

小説的表現と劇画的表現についての常識的な指摘になってしまうのだが、絵は誰にでもわかりやすい、しかし一つのイメージしか読者に与えない。それに対して文字を読んで得られるものは一人一人によって異なる、また行間から広がる想像力を駆使しての多様性とあいまいさが、やはり感じられた。

ところで本書執筆の段階で一つ気づいたことがある。『バガボンド』の文だけを抜き出して絵と離して読んでみる、という作業をやってみたところ、ずいぶん印象が異なった。文だけで読むと、吉川のものに雰囲気的により近いということである。これは比較したところが、もともと近いことを言っているシーンであるから、そうならざるを得ないわけであるが、いっぽうでは読み手に与える絵の持つ力の大きさを再認識させられた。先に紹介した箇所のすべてを絵とともに示せないのが残念である。

現代社会的

井上の描く武蔵の物語自体については、次のような反応が典型的であろう。

現代社会にひきつけて、何かを感じさせるものがあったようだ。

「沢庵に出会う前の武蔵の荒々しく闘争本能むき出しの姿。生きる事のありがたさも感じず、目標も定まらずもがいている姿だった。マンガで描かれるこの時の武蔵の顔は、自分の、敵、すべてに向けられる憎しみの色がにじみでた厳しい顔であった。しかし、この顔はどこかで見た事があると思った。街でふと周りを見回してみる。すると、このような顔のなんと多いことか。そう、これは現代の若者の顔とダブルのだ。武蔵の姿が自分の姿とダブルからこそ、生き方に共感し、人気がでるのではないだろうか。」

「マンガで描かれる激しい剣戟シーンは、私達が今、どれだけ暴力と無縁で生きていけるかという今日的テーマを喚起している。」

「特に昔の日本人は修養主義がやたら好きだったこともわかる気がする。『巨人の星』の星飛雄馬も、『ガラスの仮面』の北島マヤも、『明日のジョー』だって修養主義的だ。私も小さいとき弟と一緒に『ドラゴンボール』の修行姿を見て育った。人が強くなろうと挫折しながらも前進していく姿、頑張る姿が私たちの胸をうつのではないか。」

井上雄彦が武蔵に惹かれた理由

井上は、バスケットボールを題材とした『スラムダンク』でブレイクした作家である。『スラムダンク』と『バガボンド』では、主題がかなり異なっている。その違いについて、井上はＮＨＫのトーク番組「トップランナー」（二〇〇〇年六月一五日放映）で、『スラムダンク』が陽の作品であるのに対して、『バガボンド』を陰の作品だと言う。陽の作品を書いた後なので、その反動なのか対極にあるものを書きたいような欲求があり、具体的には人間のドロドロした部分、絵だと血がドバッと出るようなシーンとか戦うシーンとか、必ずしも人が見て喜ばないものも書いてみたいと思っていたと語っている。

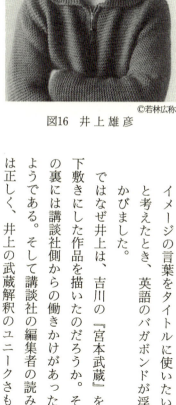

井上は、武蔵への共感を次のように語っている（『吉川英治展――武蔵からバガボンドへ――』図録）。

> 私が『宮本武蔵』の世界に最初に惹かれたのは、武蔵がいろいろなところを旅しながら修行を重ねていくという、その設定が好きだったことです。「強くなるとは」そして「生とは、死とは何か」を求めて放浪するひとりの人間……漂泊者、漂流者というイメージの言葉をタイトルに使いたいと考えたとき、英語のバガボンドが浮かびました。

©若林広称

図16　井上雄彦

ではなぜ井上は、吉川の『宮本武蔵』を下敷きにした作品を描いたのだろうか。その裏には講談社側からの働きかけがあったようである。そして講談社の編集者の読みは正しく、井上の武蔵解釈のユニークさもあり、『バガボンド』の大ヒットにつながったのである。

しかし、井上がその話に乗ったのは、吉川の武蔵に共感できるところが多かったからである。司会者の大江千里《せんり》が、「現代、日本で武蔵を、この日本で次に自分がやるテーマで書こうと思った井上さんの中での意味合いは何か」という問いに対して、井上は、およそ次のようなことも語っている。

現在〈武蔵〉を描く意義

今の日本の状況とか、僕よりも下の子たちを見ていると、何か違うだろうと思っているのは間違いないと思う。こうだと言えるほど僕はまだ熟していないけれど、なかなか言葉にはできないけれど、モヤモヤした気持ちがあるのは確かですね。その辺が『バガボンド』を今の人たちに向けて書いている意味です。なんらかのメッセージというか気持ちが入っていると思います。言葉では言えないけれど、だから漫画家になったのですが、それを感じてもらいたいですね。

井上も若い（放映当時三三歳）が、それでも井上より若い人々の生き方に、口ではなかなか表現できない不満というか、心配な側面を感じているということなのだろう。このトーク番組で井上は、死を扱う心構えについて、「死に痛みが伴ってくるような読み方をしてもらいたい。簡単にパンパンと死んでしまうような書き方はできないですよね。そこにこだわっている」と述べている。その痛みとは、本人のだけでなく、戦うことになる相手の人物へ共感してこそ出てくる痛みなのである。ここから井上が、一人が勝手に生きていくのではなく、ある関係性をもって生きていかねばならないということを感じとってもらいたいと考えているように思われる。武蔵が一人で修行するのではなく、「敵」と心を通わせながら戦う姿、そこに井上の武蔵理解の特徴がある。それが一番よく描かれていたのが胤舜との対決シーンであった。

他者への共感

前述した学生のアンケートでは、学生は自力主義を否定していた。また五〇年前と比べて、社会的規制に対する反発がうすれ、むしろ共生の原理や共感性を重視していることについても触れた。修養主義・精神主義は残存していた、自分の生き方を探らなければならないという欲求も大きかった。修養主義と言ってしまうと、とても古臭く感じられるが、悩みながら向上していこうとすることへの共感は、必ずしも衰えていない。人間と人間との関係を回復させることに飢えている。そのような社会的空気というものが、武蔵を現代風にした作品である『バガボンド』が読まれる背景にあるのではないだろうか。

「修行つまり人生のために全てを振りきってしまい、自分がまわりの人に支えられて生きていることに気づいていないところは、人間の支え合いが大事だと思っている私には共感できない」、これも学生の言葉であるが、吉川版の武蔵には共感できなくても、井上版の武蔵には共感できるのだろう。

「我事において後悔せず」と述べた武蔵はずいぶん後悔した人だったとは、誰だったかは失念したが語った言葉である。その武蔵が生涯娶《めと》らず、別れを悲しまず、欲望や名誉を退け「独行道」を主義としたことは、現代的な感覚からすると、まだまだ未熟であったということになろう。そこが坂口安吾《あんご》には「悟りすましている」ように見えたのかもしれない。井上の武蔵は、そこを乗り越えようとしていることは確かである。

書き終えて――エピローグ

まとめ――吉川の武蔵

最後にまとめておこう。吉川英治の『宮本武蔵』は、一九三五（昭和一〇）〜一九三九年という、ちょうど日本社会が戦時体制に向かって進み始めた時期に書かれた作品であった。そのような時代の変化が、作品にまったく影響を与えなかったはずはない。たとえば二・二六事件の記述に見られるように、それは吉川みずから認めるところである。

それでは『宮本武蔵』が、そのような体制や大勢に便乗しようとしており、あるいは戦時体制へと大衆を駆り立てようと意図して書かれたものであったかというと、そうは言えない。そのような効果をもたらす結果になったにせよ、宮本武蔵を主人公に選んだところには、つまり執筆動機の背景には、むしろ日露戦争以後の社会における、修養によって人間性を高めていくことに価値を認めていこうとする修養主義の影響があったことを見てとることができよう。

しかし、だからと言って吉川が昭和一〇年代の社会的影響をまったく受けていないと言っているわけではない。執筆最中に、やはり影響を受けたような部分もあるし、吉川が時代の趨勢を先取りして読者に示した所もあるに違いない。さらにいったん書いてしまった小説を、どのように意義づけて大衆に提示するかは、小説自体とは別の話である。また読み手がどのように作品を理解するかについても、吉川の責任ではない。

『宮本武蔵』が結論として提示するものは、修行による「精神の剣」の獲得である。この結論は、書き始めたときにはすでに決まっていた。しかしその内容は、抽象的に記されることはあっても、具体的には示されることは最後までない。吉川が言っているのは、自己の完成のために、よりよく生きるということである。ここに、どのようにでもゴールを設定できる――読者がどのように思い込んでもよいところに、『宮本武蔵』が長く寿命を保っていられる理由があるのではないか。ただし戦前版では、武士道が天皇に奉仕することであることがより強調されており、「誰のために」が本人以外の国家や社会にかろうじてつながっていたが、戦後版においてはそれが不鮮明になったために、かえってどうとでも理解できるようになったということを指摘できよう。

この特徴は、いっぽうから言えば、唯心論であり、なんら社会との関わりを描いていないという批評につながるものであったし、敗戦後には好戦気分を煽《あお》ったものとして批判される原因にもなることになる。このような批判は、戦前も戦後もインテリからのものであり、大衆は一貫して『宮本武蔵』を支持しつづけたのである。

「武蔵イデオロギー」と大衆の共感

大衆文学を純文学が蔑《さげす》むようなところに表われている大衆とインテリとの裂け目を見出そうとする眼は、戦前・戦後に共通するものであった。特に戦後においては、そのような裂け目を生み出した戦前日本社会の構造そのものが、大衆を軍国主義に走らせたものとみなし、大衆文学である『宮本武蔵』にも責任を認めようとしたのである。

これに対して戦前も戦後も、この作品が読みつづけられた理由を、桑原武夫らは、吉川による戦後社会への対応への努力によってなされた文章の修正・加筆には求めず、作品の有する修養・勤勉モラルに一貫して大衆が共感したことを、農村・漁村・都会で行ったアンケート結果による「武蔵イデオロギー」への支持の高さをふまえて論証した。ただしその結果は同時に、都会の女性層における相対的な支持の低さから、日本社会の都会化が進めば進むほど、やがて支持が失われ読まれなくなるであろうことを暗示していた。このような近代化論的発想が研究の背景にはあり、それが予測したように、しだいに吉川の作品は影が薄くなり、代わって合理的思考を好む司馬遼太郎《しばりょうたろう》の歴史小説が好まれるようになった。

その後、たしかに『宮本武蔵』は読まれなくなった。では、それは修養主義を中心とする「武蔵イデオロギー」の衰えを意味するものであったのか。現代の大学生を対象とするアンケート結果からは、いちがいにそう言い切ることはできなさそうである。修養に関するいくつかの要素（たとえば自力主義や克己心）は衰えているものの、努力を重視するような精神主義的傾向は残っていた。また行動は伴わないものの、修養を求める願望は高いことがわかった。

これに実際に読んでもらった学生の感想などを加えると、『宮本武蔵』が生き残っていく可能性はあると言えそうである。井上雄彦《たけひこ》が原作に共感して、自分なりの武蔵像を劇画という新たな媒体で表現し始めたこと、そしてその作品が受け入れられたことも傍証となる。ただし、吉川版『宮本武蔵』が、そのまま昔の形で読みつがれていく可能性は多くはないだろう。現代の学生たちは武蔵の孤独さに違和感を感じ、井上の描く武蔵は他者に対する共感に満ちている。このように吉川の構築した武蔵像は、井上が今まさに挑戦しているように、それぞれの時代の雰囲気に影響され、その姿を少しずつ変形させながら、残っていくのではなかろうか。

愛された人・吉川英治

さて本書を書き終えるにあたって、いくつかのことを付記しておこう。

まず断片的なことから。本書の最初の方で、純文学と大衆文学、知識人の教養主義と一般人の修養主義の対立などということについて触れた。しかし書きながらずっと感じていたのだが、知識人もあんがい隠れて、あるいは成長過程のどこかで『宮本武蔵』を読んで楽しんでいたのではないだろうかということである。知識人の武蔵嫌いには、何かポーズのようなものを感じる。

また驚いたのは、戦前のある時期に、大衆文学を軽蔑していたはずの純文学の雑誌『文学界』が、その出版費用の一部を吉川から援助してもらっていたことである。それを頼んだのは小林秀雄だったことを林房雄が書いている。正宗白鳥《まさむねはくちょう》も戦後になって、『宮本武蔵』はあまり気にいらなかったが、『新・平家物語』には感心したと本人の前で語っている。吉川は、人間的には、とても愛される人だったらしい。一度会えば誰でも虜《とりこ》にしてしまうような人格であったようだ。本文中にも書いたが、戦争直後に手厳しい批判を行った高橋磌一《しんいち》でさえ、吉川と親しく会談し、小説家が時代の影響を受けることは恥でも何でもないと語っているのだ。

残された課題

本書で十分に論じられなかったことがいくつもある。まず吉川版『宮本武蔵』の大ヒットは、その後多くの書き手に武蔵に挑戦させることにな

った。また武蔵の敵役であった佐々木小次郎についても同様である。しかし本書では、司馬くらいしか取り上げられなかった。これは本書が文学論でも武蔵論でもないことによる。紙面的な制約もある。しかし時代相との関連で、小山勝清『それからの武蔵』（発表開始年、一九五二年）・山本周五郎『よじょう』（同、一九五二年）・五味康祐《ごみやすすけ》『二人の武蔵』（同、一九五五年）・柴田錬三郎《れんざぶろう》『決闘者宮本武蔵』（同、一九七〇年）・笹沢佐保『宮本武蔵』（一九八八年）・峰隆一郎『素浪人宮本武蔵』（一九九三年）・村上元三『佐々木小次郎』（同、一九四九年）などについては、分析したら面白かろう（最近、縄田一男が『武蔵』講談社でこれを行っている）。また映画やドラマも扱わなかった。これは手に余るということによるもので、他意はない。

技術と修養に対する新しい見方

またいくつかの箇所に関係することなのであるが、技術主義と修養主義・精神主義とが対立するということが、戦後の近代化論的思考・合理的思考では前提にされていたようである。しかしそのような前提自体が近代の思考的な所産であって、実際には過去において、それらは堅く結びついていた、それが分離されてしまったことこそが現代のさまざまな問題を生み出しているのではないか、という問題意識が現在あるように思われる。それはどういうことかと言うと、大正期以後、型にはまってしまう修養主義は独創性に欠けるものとして知識人から否定された。しかし明治以来の日本の発展は、職人気質を持った多くの大衆によって実際は支えられていた。職人は、技術者であるが、同時に最高の技術者は修養に支えられていたというようなことである。

ここで職人とは純粋な意味での職人より、少し広い意味で使っているのだが、本当の職人は身体と一体化した技術を身につけていた。そしてそれがある種の身体美を有していたというのである。身体を離れた技術は存在しない。ちょっと前までは、千分の一ミリを感じることができる職人がたくさんいた。ところが現在、そういう技能を持った人々は老齢化し、若い人は育っていないという。物作りの文化が衰退している。そこに日本経済沈滞の原因がある、と。メジャーリーグのイチローがサムライと見られるのは、そういう伝統美を含んでいるのではないか、と。そしてバットを剣に置き換えれば武蔵になる、というような。この問題に対して、本書では深く論じられなかった。ただ小林秀雄の議論には、そういう観点が含まれていたのではないかと思う。

『宮本武蔵』の文化論講義

本書は、麗澤大学での共同研究『「宮本武蔵」は生きつづけるか』で執筆した「宮本武蔵の書かれ方と読まれ方」をほぼ生かしながら再構成し、別の大学で非常勤として担当した二〇〇一年と二〇〇二年の「日本文化概論」という授業の半期分の講義ノートをもとに執筆したものである。授業タイトルは「『宮本武蔵』の文化論」であった。「概論」という語句がついている授業で、特殊講義のようなことをやらせてもらった。

学生は「概論」で宮本武蔵をやるということに、とまどいや疑問を抱いていたようであったが、講義が進むにつれて、ねらいを理解してくれたようだ。また『宮本武蔵』だけで授業が成り立つのかと思ったようだが、一つの小説からさまざまなことを分析することができることに興味と驚きを感じた人もいた。しゃべったことをすべて覚えているわけではないが、たぶん書いてあることよりも話は多岐にわたったと思う。

講義への感想

したがって学生のノートから自分の講義を復元すべく、講義の内容を何回分かまとめよというレポートを課した。そのレポートも最後に利用させてもらった。その付録として書かれていた感想をいくつかあげておく。

「日本の文化と関係してくるのだろうかと不安だったが、本当に過去の日本、現代の日本の人々の意識にまで話が発展していくので驚いた。」

「日本文化概論と同時に、人間学・社会学・ジェンダーの視点から勉強できた。学問は現代社会の状況のなかで深く関わりあっているということを感じた。」

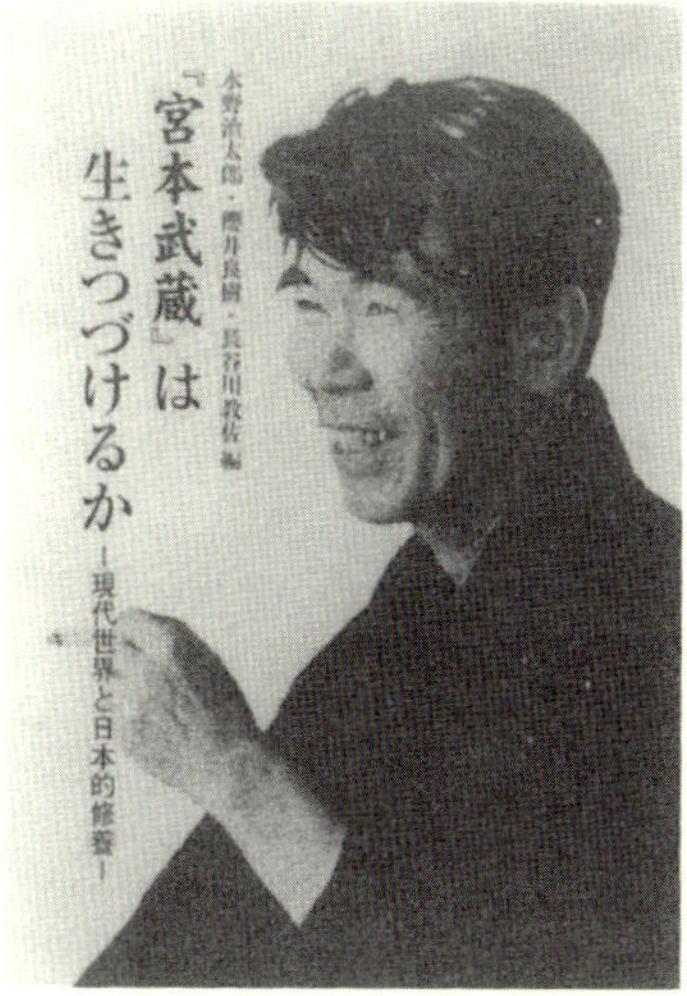

図17　『「宮本武蔵」は生きつづけるか』

「はじめは授業で吉川英治の『宮本武蔵』をやるなんて変わっていると か、日本文化概論という漠然とした科目名のわりには絞りすぎじゃないかと思ったけれども、それは素人の浅はかな考えだった。」

「一番良かったことは、アンケートなどを通じて私達自身の姿勢や物の考え方を見つめる機会があったことである。つまり私達自身が比較対象であり、私達自身の視点というものが主体的なものとして授業に関与できた点が良かった。」

テレビ東京のドラマの武蔵にはまって見てしまった体験をもって授業を受けた人もいたが、ほとんどの学生は、武蔵の名前しか知らない程度の予備知識であった。もちろん『バガボンド』を読んでいた学生は数多くいた。しかしマンガの背景を知っている人は、とても少なかった。講義を進めていくうちに、『バガボンド』はもちろん、少なからず吉川版『宮本武蔵』を読んだようであった。「読んでみたい」と書いていた人は多数あった。全部読んで、やはりあまり感心しなかったという反応もあったし、「お杉婆には最後まで憎まれ役でいて欲しかった」という感想もあった。いっぽう次のような反応もあった。

「武蔵の生き方に私が一番ひかれているのは自信である。武蔵の自信を持った生き方が時代や国を超えて多くの人に共感されてきたのだと思う。何でも出来る完璧な人間ではないが、自分の人生に堂々としている姿は私たちを元気づけてくれていると思う。」

「吉川英治の『宮本武蔵』が伝えようとするものが〈希望〉と〈自信〉なのではないかと考えるようになった。」

大河ドラマ「MUSASHI」

さて二〇〇三年一月から始まったNHK大河ドラマの「武蔵　MUSASHI」であるが、二〇〇一年八月の制作発表資料によれば、吉川英治の武蔵に「新たな着想、新たな展開を盛り込み、ワイルドでエネルギッシュ、最強にしてハートフル、サムライヒーローの熱き魂を描く」そうである。武蔵を取り上げた意図として、「迷える現代人への生きる勇気とたくましさ」、「〝寄らば大樹の陰〟的組織からの自立」、「先行き不透明な21世紀の日本人が再生への道の手がかりとする〝新日本人論〟」などを考えるきっかけになりたいということらしい。結末は巌流島ではなく、その後の武蔵の生き方、新たな強敵の出現、お通との恋の行方についても、原作の枠を越えて描くという。脚本を担当する鎌田敏夫は、時代劇の楽しみには、「形があって、その形にぴたりとはまる快感。もうひとつは、それまでの形を破っていく快感」があると言い、今度のは「後者のドラマになると思います」と述べ、ダイナミズムが今回の大きなテーマと語っている。配役においても、今回のお通を演じることになる米倉涼子のイメージは、自立的女性のイメージである。吉川でもなく、井上でもない、新しいお通の姿が見られるのかもしれない。

あとがき

近代日本政治史を専門とする著者が、なぜ『宮本武蔵』なのか、と言えば、これは麗澤大学外国語学部の水野治太郎先生をはじめとする諸先生方との共同研究を行なったことにつきる。その成果は、『「宮本武蔵」は生きつづけるか』（文眞堂、二〇〇一年）として出版された。本書は、自分の担当箇所を大幅に加筆するのみならず、他の先生方の成果をあつかましくも多く利用させていただいた。本書の執筆にあたっても、水野先生にお世話になりました。お礼を申し上げます。いくら歴史が専門だとは言え、歴史文学を扱うことになるとは、数年前には思いもよらなかった。精力的に歴史文学を読んだのは、ずっと昔のことである。ただし今は、ちょっと寄り道もよかったかな、と思っている。

学生からも質問があったのだが、あなたは修養主義・精神主義は好みかと問われると、どちらかといえば敬遠したい方だ。また武蔵はどうかと言われると、その答えも同じだ。

白状すれば、吉川作品については『宮本武蔵』よりも『新・平家物語』の方を好む。『鳴門秘帖』は荒唐無稽な話だが、娯楽作品としては文句なしに面白い。

本書を出すことについては迷いがあった。本書は、ただテーマを宮本武蔵という珍奇な対象を扱っているだけで、これまで言われてきたような戦前から戦後を通じての社会や思潮の変化自体については、何も目新しいことをつけ加えていないような気がするし、麗澤大学の先生方の成果を借用しなければ、まとまりのあるものはできないだろうという研究者としての予想もあった。専攻領域からズレていることもあり、本にすることをためらう気持と、せっかくこれまでまったく行なったことのないような形での授業をやったのだから、どこかにその記録を形として残して置きたいという気持もあり、それが入り混じっていた。

そのような気持を後押ししてくれたのが、授業に出て真剣に感想を書いてくれた学生であり、来年からNHKの大河ドラマで宮本武蔵が取りあげられるという話題性であり、出版社のお勧めであった。もしそれらがなければ、まとめあげることはできなかったろう。NHK大河ドラマの放映を直前にして、宮本武蔵関連文献が溢れている。本書が店頭に並ぶのは、ドラマの反響と評価がほぼ定まったころになるだろう。本書の分析視角としては、ドラマの同時代史的評価を取り込むことが必要なのかもしれない。しかし、もともとブームとは無関係に始めた研究であるから、あまり深入りしない方がよいかもしれないし、映画にも言及していないから、これが公平であろう。

最後に本書出版にあたっては、さまざまなめんどうな問題の解決にあたってくださった吉川弘文館の皆様にお礼を申し上げたい。またこの種の本は初めてで、講義原稿があったとはいえ短期間で仕上げたということで、生活のリズムを狂わしたことについて辛抱してくれた家族に感謝したい。

二〇〇二年十二月

櫻井良樹

参考文献

〈吉川英治の著作〉

吉川英治「宮本武蔵」『東京朝日新聞』一九三五年八月二三日～一九三七年五月二〇日・一九三八年一月五日～一九三九年七月一一日
吉川英治『宮本武蔵』大日本雄弁会講談社、一九三六年
吉川英治『宮本武蔵』一（『英治叢書』一）、六興出版社、一九四九年
吉川英治『宮本武蔵』（『吉川英治歴史時代文庫』）、講談社、一九八九年
吉川英治「随筆宮本武蔵」『文藝春秋』一四―二、一九三六年
吉川英治「随筆宮本武蔵（承前）」『文藝春秋』一四―四、一九三六年
吉川英治『随筆宮本武蔵』（戦前版）、朝日新聞社、一九三九年
吉川英治『随筆宮本武蔵』（戦後版）（『吉川英治全集』四六）、講談社、一九六九年
吉川英治『折々の記』全国書房、一九四二年
吉川英治『草思堂雑稿』富士出版社、一九四一年
吉川英治『南方紀行』全国書房、一九四三年
吉川英治『窓辺随筆』育生社、一九三八年
吉川文子編『吉川英治対話集』講談社、一九六七年

朝山李四（吉川英治）「武蔵負けたる事」『雄弁』一六―七、一九二五年

〈関連図書・雑誌・新聞〉

明石鉄也「『宮本武蔵』小論」『文芸』四―七、一九三六年七月
いいだもも「吉川文学はほんとうに国民文学か」『日本読書新聞』一九六二年九月一七日
石森（石ノ森）章太郎『宮本武蔵』潮出版社、一九七四年
いづみ会グループ「宮本武蔵」『思想の科学』一―六、一九五四年一〇月
井上俊「物語としての人生」『岩波講座現代社会学』九、岩波書店、一九九六年
井上雄彦『バガボンド』一～一五巻（以下続刊）、講談社、一九九九～二〇〇二年（刊行中）
井上ひさし『ベストセラーの戦後史』文藝春秋、一九九五年
猪瀬直樹『日本人はなぜ戦争をしたのか――昭和16年夏の敗戦――』（『日本の近代猪瀬直樹著作集』八）、小学館、二〇〇二年
緒方富雄編『祖国愛と科学愛』朝日新聞社、一九四二年
小川徹「なぜ宮本武蔵は書かれたか」『大衆文学研究』六、一九六三年
尾崎秀樹『伝記吉川英治』講談社、一九七〇年
尾崎秀樹「青春が見た求道者の影」『流動』六―七、一九七四年
尾崎秀樹監修『歴史・時代小説事典』有楽出版社、二〇〇〇年
鎌田茂雄『五輪書』（『講談社学術文庫』）、一九八六年

木々高太郎「大衆の発想」『文学界』一九五四年六月号
久野収・鶴見俊輔『現代日本の思想』（『岩波新書』）、一九五六年
久保三千雄『宮本武蔵とは何者だったのか』（『新潮選書』）、一九九八年
桑原武夫『「宮本武蔵」と日本人』（『講談社現代新書』）、一九六四年
講談社編『吉川英治とわたし』講談社、一九九二年
小林秀雄『私の人生観』（『小林秀雄全集』九）、新潮社、二〇〇一年
サンマーク出版編集部編『講談宮本武蔵』同社、二〇〇二年（原本は伊東陵潮の講談『講談全集』五、
　大日本雄弁会講談社、一九二九年）
坂口安吾「青春論」『堕落論』、一九四二年（のち『角川文庫』、一九五七年）
佐藤忠男「『宮本武蔵』論」『伝統と現代』一六、一九七二年
司馬遼太郎『真説宮本武蔵』（『講談社文庫』）、一九八三年
司馬遼太郎『宮本武蔵』（『朝日文庫』）、一九九九年
司馬遼太郎「不世出の創造力」『大衆文学研究』六、一九六三年
島内景二『剣と横笛』新典社、一九九一年
真龍斎貞水（今村次郎速記）『復讐美談宮本武蔵伝』上田屋本店、一八九五年
杉浦明平「吉川英治」『日本読書新聞』一九六〇年三月一四日
杉浦明平「吉川英治、その文学的でないもの」『文学』二八―七、一九六〇年
高橋磌一「吉川英治の秘密」『日本評論』一九五〇年一月号

高橋磌一「大衆小説の歴史性」『文学』一九―一〇、一九五一年
竹内洋「教養知識人のハビトゥスと身体」青木保他編『近代日本文化論』四、岩波書店、一九九九年
竹内好「吉川英治論」『思想の科学』一―六、一九五四年
竹前栄治他監修『GHQ日本占領史』六、日本図書センター、一九九六年
筒井清忠『日本型「教養」の運命』岩波書店、一九九五年
新渡戸稲造『修養』(『タチバナ教養文庫』)、二〇〇二年
新渡戸稲造『武士道』(『岩波文庫』)、一九三八年(原著は英文で一八九九年出版)
日本戦没学生記念会編『新版きけわだつみのこえ』(『岩波文庫』)、一九九五年
早川与吉『宮本武蔵』大江書房、一九一五年
林彰「近代日本における修養思想」『人民の歴史学』一五〇、二〇〇一年
樋口清之『逆・日本史』祥伝社、一九九一年
樋口謹一「解説『宮本武蔵』と現代」吉川英治『宮本武蔵』八(『吉川英治歴史時代文庫』二一)、講談社、一九八九年
本位田祥男「宮本武蔵を中心として」『文藝春秋』一四―五、一九三六年
マサチューセッツ「スター・ウォーズ」ラボラトリー『スター・ウォーズ解体新書』扶桑社、二〇〇二年
正宗白鳥「『宮本武蔵』読後感」『中央公論』五四―九、一九三九年
松本健一「庶民脱出としての求道」『歴史としての闇』第三文明社、一九七五年

水野治太郎・櫻井良樹・長谷川教佐編『「宮本武蔵」は生きつづけるか』文眞堂、二〇〇一年
宮沢誠一『近代日本と「忠臣蔵」幻想』青木書店、二〇〇一年
宮本武蔵遺蹟顕彰会編纂『宮本武蔵』同会、一九〇九年
吉川英治記念館・毎日新聞社編『吉川英治展——武蔵からバガボンドへ——』毎日新聞社、二〇〇一年
（二〇〇一年五月三越本店「吉川英治展」図録）
『わたしの吉川英治——その書簡と追憶——』文藝春秋新社、一九六三年
「吉川英治」『文藝春秋』一四—四、一九三六年四月
「英訳『宮本武蔵』の経営学的読まれ方」『週刊読売』一九八一年八月九日号
「読み直される武蔵の『五輪書』」『AERA』一九九三年八月一七日号
『熊本日日新聞』二〇〇二年一月三日

〈関連テレビ番組・ホームページ〉
NHK「トップランナー」二〇〇〇年六月一五日放映
http://www.itplanning.co.jp/（井上雄彦ホームページ）

著者紹介
一九五七年、千葉県に生まれる
一九八一年、上智大学文学部史学科卒業
一九八八年、上智大学大学院文学研究科史学専攻博士後期課程満期退学　博士（史学）
現在、麗澤大学教授

主要著書
大正政治史の出発　地域政治と近代日本　国際環境のなかの近代日本　阪谷芳郎東京市長日記　日本・ベルギー関係史

歴史文化ライブラリー
152

宮本武蔵の読まれ方

二〇〇三年（平成十五）四月一日　第一刷発行

著　者　櫻《さくら》井《い》良《りょう》樹《じゅ》
発行者　林　英　男
発行所　株式会社　吉川弘文館
東京都文京区本郷七丁目二番八号
郵便番号一一三―〇〇三三
電話〇三―三八一三―九一五一〈代表〉
振替口座〇〇一〇〇―五―二四四
印刷＝平文社　製本＝ナショナル製本
装幀＝山崎　登

歴史文化ライブラリー

1996.10

刊行のことば

現今の日本および国際社会は、さまざまな面で大変動の時代を迎えておりますが、近づきつつある二十一世紀は人類史の到達点として、物質的な繁栄のみならず文化や自然・社会環境を謳歌できる平和な社会でなければなりません。しかしながら高度成長・技術革新にともなう急激な変貌は「自己本位な刹那主義」の風潮を生みだし、先人が築いてきた歴史や文化に学ぶ余裕もなく、いまだ明るい人類の将来が展望できていないようにも見えます。このような状況を踏まえ、よりよい二十一世紀社会を築くために、人類誕生から現在に至る「人類の遺産・教訓」としてのあらゆる分野の歴史と文化を「歴史文化ライブラリー」として刊行することといたしました。

小社は、安政四年(一八五七)の創業以来、一貫して歴史学を中心とした専門出版社として書籍を刊行しつづけてまいりました。その経験を生かし、学問成果にもとづいた本叢書を刊行し社会的要請に応えて行きたいと考えております。

現代は、マスメディアが発達した高度情報化社会といわれますが、私どもはあくまでも活字を主体とした出版こそ、ものの本質を考える基礎と信じ、本叢書をとおして社会に訴えてまいりたいと思います。これから生まれでる一冊一冊が、それぞれの読者を知的冒険の旅へと誘い、希望に満ちた人類の未来を構築する糧となれば幸いです。

吉川弘文館

〈オンデマンド版〉
宮本武蔵の読まれ方

On Demand
歴史文化ライブラリー
152

2018年（平成30）10月1日　発行

著　者　櫻《さくら》井《い》良《りょう》樹《じゅ》
発行者　吉川道郎
発行所　株式会社　吉川弘文館
〒113-0033　東京都文京区本郷7丁目2番8号
TEL　03-3813-9151〈代表〉
URL　http://www.yoshikawa-k.co.jp/

印刷・製本　大日本印刷株式会社
装　幀　清水良洋・宮崎萌美

櫻井良樹（1957～）

ISBN978-4-642-75552-8